Mecklenburgische Seenplatte

POLYGLOTT
· SEIT 1902 ·
Gute Reise
UND DIE WELT GE...

W0071251

Die Autoren
Christian Nowak
lebt als Journalist, Fotograf und Buchautor in Berlin. Richtung Norden zieht es ihn schon immer – mit Begeisterung natürlich auch ans Meer und an die Seen von Mecklenburg-Vorpommern.

Rolf Goetz
ist freiberuflicher Journalist und Fotograf. Er verfasste bereits mehrere Wanderführer und Reisebücher über Mecklenburg-Vorpommern.

REISEPLANUNG

LAND & LEUTE

TOP-TOUREN MECKLENBURGISCHE SEENPLATTE

Kleinseen und Feldberger Seenlandschaft _____ 104

Wie verzaubert wirken die idyllischen Seen, Kanäle und Moore, wie verwunschen die alten Buchenwälder – ein Paradies für Biber, Fischotter und Adler genauso wie für Paddler, Wanderer, Radler und alle ruhesuchenden Naturliebhaber.

Neubrandenburg und Vorpommerns Hinterland __ 120

Im Nordosten Mecklenburg-Vorpommers glitzern nur noch vereinzelt Seen inmitten der sattgrünen, leicht welligen Landschaft. Doch Städte wie Neubrandenburg setzen mit imposanten Backsteinbauten und interessanten Museen kulturell Akzente.

Sonniges warmes Plätzchen – im Schutz der Neubrandenburger Stadtmauer

Röbel verspricht pure Erholung am,
im und um das Wasser der Müritz

REISE-PLANUNG

Die Reiseregion im Überblick

Mecklenburg-Vorpommern, das ist für viele die Ostseeküste von den Kaiserbädern Usedoms bis zum Seebad Boltenhagen. Es gibt aber noch ein attraktives Hinterland – die Mecklenburgische Seenplatte. Die zeigt sich vielleicht nicht ganz so mondän wie die Küste, doch selbst zu Ferienzeiten kann man hier noch in Ruhe die Natur genießen. Und Natur gibt es im Überfluss, denn Mecklenburg-Vorpommern ist das am dünnsten besiedelte deutsche Bundesland. So kann man durch Wälder, Wiesen und Auen streifen oder sanft geschwungene Hügelketten erkunden. Hier wartet das größte Seengebiet Deutschlands mit mehr als 1000 kleinen und großen Seen, die vielfach durch Flüsse und Kanäle miteinander verbunden sind. In den Naturparks lassen sich Kraniche, Adler, Eisvögel beobachten. Mittelpunkt, auch was das touristische Interesse angeht, ist die Müritz, der größte vollständig innerhalb Deutschlands liegende See. Es bieten sich Möglichkeiten für Wasserwanderer – sei es mit Kanu, Jacht, Jolle, Hausboot oder Floß. Und selbst wer das Wasser nur vom Ufer aus genießen möchte, ist hier goldrichtig, denn Baden und Sonnenbaden oder Kaffeetrinken kann man fast an jedem See.

Die Landeshauptstadt Schwerin ist das kulturelle Aushängeschild von Mecklenburg-Vorpommern. Das traumhaft anzusehende Schloss fungiert dabei als Kulisse. In Westmecklenburg locken das Barockschloss Ludwigslust sowie die Naturparks Schaalsee und Sternberger Seenland.

Mit der hügeligen Mecklenburgischen Schweiz haben die eiszeitlichen Gletscher eine besonders abwechslungsreiche Moränenlandschaft modelliert. Hier stehen Schlösser und Gutshäuser als stilvolle Ferienquartiere bereit, in denen man sich zu durchaus erschwinglichen Preisen für einige Tage als Schlossherr fühlen kann. In Güstrow beeindruckt der Dom, ein Meisterwerk der Backsteingotik, die so viele Orte architektonisch prägt.

Wer den Müritz-Nationalpark abseits von der Route des Nationalparkbusses erkunden möchte, muss sich aufs Fahrrad schwingen oder die Wanderschuhe schnüren. Als Belohnung winken Blicke auf Adler, Kraniche, Gänse und Enten. Danach kann man sich dann in den Trubel von Waren stürzen und nach Herzenslust shoppen und schlemmen.

Im Osten der Seenplatte wartet ein weiteres kulturelles Highlight, die ehemalige Residenzstadt Neustrelitz, die vor allem durch die Bauwerke Friedrich Wilhelm Buttels sehenswert ist. Auch von Neustrelitz ist es nicht weit in die Natur – zu den Gewässern der Feldberger Seenlandschaft.

In Neubrandenburg am Tollensesee, dem Zentrum im Nordosten der Seenplatte mit Resten einer mittelalterlichen Stadtmauer, trifft man wieder auf die Route der Backsteingotik. Nicht weit ist es zu einem anderen grandiosen Backsteinbauwerk – der Burg Stargard. In jedem Fall gibt es viel zu entdecken in der Region der Mecklenburgischen Seenplatte.

Extra-Touren

 ### Von Zarrentin nach Pasewalk

Tour-Übersicht:
Zarrentin › Schwerin › Güstrow › Teterow › Stavenhagen › Neubrandenburg › Pasewalk

Distanzen:
1. Tag: Zarrentin › Schwerin 55 km; **2. Tag:** Schwerin; **3. Tag:** Schwerin
› Güstrow 63 km; **4. Tag:** Güstrow › Teterow 29 km; **5. Tag:** Teterow ›
Stavenhagen › Neubrandenburg 57 km; **6. Tag:** Neubrandenburg › Pasewalk 56 km

Verkehrsmittel:
Die rund 260 km lange Tour unternimmt man am besten mit dem Auto. Schließt
man die Tour 2 in umgekehrter Richtung an, hat man die Hauptsehenswürdig-
keiten der Mecklenburgischen Seenplatte gesehen.

1. Tag: Die Tour beginnt in **Zarrentin** › S. 57, das wunderschön am Ufer des
Schaalsees liegt. Nach einem Bummel durch das verschlafene Städtchen mit
schönen Fachwerkhäusern und Resten eines Zisterzienserklosters genießen
Sie das Mittagessen am idyllischen See. Dann geht es nach **✴✴✴Schwerin**
› S. 44. Die frühere herzogliche Residenzstadt und heutige Landeshaupt-
stadt bildet das kulturelle Highlight der Region. Hier können Sie sich bei
einem Spaziergang auf die Stadt einstimmen. Das Restaurant aurum am
Ziegelsee bietet einen schönen Rahmen, um den Tag ausklingen zu lassen.

Blühende Wiesen und Felder schmeicheln den sanften Hügel bei Woldegk

2. Tag: Mit der Besichtigung von ***Schloss**, Schlossgarten, ****Altem Garten**, der Galerie Alte und Neue Meister, dem ***Dom** und der ****Schelfstadt** vergeht in Schwerin ein ganzer Tag wie im Flug.

3. Tag: Starten Sie gleich nach dem Frühstück Richtung ****Güstrow** › S. 72. Auch hier residierten einst Herzöge. Schön anzusehen sind Altstadt, Schloss und Dom, für den Ernst Barlach seine Skultur »Der Schwebende« schuf. Spuren des Expressionisten entdecken Sie immer wieder in der Stadt.

4. Tag: Heute können Sie es ruhig angehen lassen. Ihr Ziel ist das beschauliche **Teterow** › S. 78 mit seiner trutzigen, aber reich ausgestatteten Backsteinkirche St. Peter und Paul, den zwei gotischen Stadttoren und der malerisch im Teterower See gelegenen Burgwallinsel. Genießen Sie das gute mecklenburgische Essen in der historischen Wassermühle und eine Nacht im Landhotel am See.

5. Tag: Am nächsten Morgen fahren Sie zunächst weiter in die Reuterstadt **Stavenhagen** › S. 84. Diese hat ihrem berühmten Sohn, dem Schriftsteller Fritz Reuter, im alten Rathaus ein Literaturmuseum eingerichtet. Nutzen Sie Ihre Chance, sich mit der niederdeutschen Sprache vertraut zu machen, bevor Sie die Tour nach ***Neubrandenburg** › S. 123 fortsetzen. Die mittelalterliche Stadtbefestigung mit den Wiekhäusern und die vier kunstvollen Stadttore aus rotem Backstein sind absolut sehenswert.

Café unter klassizistischen Säulen am Schweriner Markt

6. Tag: Auf dem Weg von Neubrandenburg zum letzten Ziel dieser Tour lohnt ein Abstecher zum **Tollensesee** › S. 130 und dessen Umrundung. Abschließend steuern Sie dann **Pasewalk** › S. 136 an. Prenzlauer Tor, Marienkirche und Nikolaikirche vermitteln einen Eindruck vom mittelalterlichen Stadtbild, das im Zweiten Weltkrieg weitgehend zerstört wurde.

Von Boizenburg nach Feldberg

Tour-Übersicht:
Boizenburg › Ludwigslust › Parchim › Malchow › Waren › Neustrelitz › Feldberg

Distanzen:
1. Tag: Boizenburg › Ludwigslust › Parchim 87 km; **2. Tag:** Parchim › Malchow › Waren 75 km; **3. Tag:** Waren › Neustrelitz 46 km; **4. Tag:** Neustrelitz › Feldberg 32 km

Verkehrsmittel:
Für die etwa 240 km lange Tour ist der eigene Wagen am besten geeignet. Naturliebhaber sollten einige Tage mehr einplanen, um das Herz der Seenplatte zu Fuß oder mit dem Fahrrad zu erkunden.

1. Tag: Sie starten in ***Boizenburg** › S. 58 an der Mündung des Flüsschens Boize in die Elbe. In der Stadt gibt es das einzigartige Deutsche Fliesenmuseum und hübsche Fachwerkbauten zu bestaunen. Wer Lust hat, kann den **Naturpark Mecklenburgisches Elbetal** › S. 61 auf unterschiedlich langen Wanderungen erkunden und die Tour entsprechend ausdehnen. Ansonsten geht es weiter nach ****Ludwigslust** › S. 61, einer ehemaligen Residenzstadt die mit prächtigem Barockschloss samt Park, Kirche, Café und Sanddornmanufaktur ein unverzichtbares Ziel bei einer Tour zu den Mecklenburgischen Seen darstellt. Nach all den Besichtigungen haben Sie sich eine Stärkung verdient. Anschließend fahren Sie nach **Parchim** › S. 64 an der bei Wasserwanderern sehr beliebten *Müritz-Elde-Wasserstraße*. Beenden Sie den Tag mit einem Bummel durch die hübsch sanierte Altstadt.

2. Tag: Nach einem ausgiebigen Frühstück steuern Sie den Luftkurort ***Malchow** › S. 101 an. Idyllisch ist die Lage der Altstadt auf einer Insel zwischen Petersdorfer und Malchower See. Auf dem Festland lohnen die mittelalterliche Klosteranlage und die Stadtkirche, ein stattlicher Backsteinbau, einen Besuch. Ihr nächstes Ziel ***Waren** › S. 88 ist schnell erreicht. Die Stadt an der Müritz ist das touristische Zentrum der Region. Um den Alten Markt sind noch Reste der mittelalterlichen Stadt erhalten, aber auch der Neue

Markt mit den Fachwerkhäusern ist ein Schmuckstück. Und am Seeufer können sie das bunte Treiben im Stadthafen genießen. Gleich mehrere Restaurants und Kneipen warten hier auf Ihre Einkehr.

3. Tag: In Waren selbst lässt sich problemlos ein ganzer Tag verbringen, mit dem Besuch des **Müritzeums** › S. 91, einem Schiffsausflug und einem Einkaufsbummel. Die Stadt ist aber auch ein hervorragender Ausgangspunkt für einen Besuch des ****Müritz-Nationalparks** › S. 94. Einfach aufs Fahrrad steigen und auf autofreien Wegen die Natur erkunden – keine Angst vor dem Rückweg, der Nationalparkbus kommt regelmäßig. Ansonsten besichtigen Sie am Vormittag auf jeden Fall das Müritzeum, bevor Sie nach ****Neustrelitz** › S. 108 weiterfahren. Die ehemalige Residenz der Herzöge von Mecklenburg-Strelitz zählt zu den attraktivsten Orten der Region. Das Schloss brannte zwar 1945 aus und wurde abgetragen, doch ein Spaziergang durch den Schlossgarten, der im 19. Jh. aus einem Barockgarten in einen englischen Landschaftspark umgewandelt wurde, ist einen Zwischenstopp wert. Genauso wie der beeindruckend große quadratische ***Marktplatz**, von dem acht Straßen sternförmig aus dem Stadtzentrum herausführen.

4. Tag: Den Abschluss der Tour bildet die Strecke nach ***Feldberg** › S. 115, Mittelpunkt der **Feldberger Seenlandschaft** › S. 117. Der touristisch gut erschlossene Ort lädt inmitten einer wasserreichen Umgebung zu Erkundungen der Natur per pedes und mit dem Fahrrad ein.

Schifffahrt ins Blaue auf dem Kölpinsee

Paddeltour Alte-Fahrt-Runde

Tour-Übersicht:

Mirow › Leppinsee › Woterfitzsee › Bolter Kanal › Müritz › Kleine Müritz › Mirow

Distanzen:

1. Tag: Mirow › Leppinsee › Woterfitzsee › Bolter Kanal 17 km; **2. Tag:** Bolter Kanal › Müritz, Kleine Müritz › Mirower Kanal › Mirow 19 km

Verkehrsmittel:

Wer nicht mit dem eigenen Boot anreist, kann 4 km nördlich von Mirow bei der Kanustation Mirow (Mirower See, Nordufer, Tel. 03 98 33/220 98, www.kanu station.de) alles Notwendige ausleihen. Hier werden auch geführte Touren an-geboten.

Im Müritz-Nationalpark an die Streckenbetonnung halten und nicht anlegen. Vorsicht, auf der Müritz kann der Wellengang bei Wind hoch sein, außerdem verkehren Ausflugsschiffe.

Die Alte Fahrt ist im Seengebiet der Paddelklassiker schlechthin und führt wunderbar naturnah über eine Reihe verwunschener Seen und Kanäle. Camping- und Wasserwanderrastplätze sind entlang der Strecke gut verteilt, nicht so geübte Paddler können sich auch 3 Tage Zeit lassen.

1. Tag: Ab **Mirow** › S. 114 – am besten setzt man das Boot beim Strandbad am östlichen Seeufer ein – geht es zunächst gen Norden über den Mirowsee ins Granzower Möschen. Vorbei an Schilfinseln und Seerosen gelangt man vom Kleinen in den Großen Kotzower See. Wenn man etwa die Hälfte des Leppinsees hinter sich hat, sollte man am Ostufer den Rastplatz mit Badestelle ansteuern. Begleitet von Fisch- und Seeadlern paddelt man dann in den Woterfitzsee und die Kernzone des ****Müritz-Nationalparks** › S. 94. Es folgen der fischreiche Caarpsee und der Bolter Kanal bis zur alten Schleuse, an der man sein Boot 200 m umtragen muss. Hier gibt es den kleinen Wasserwanderrastplatz »Alte Fahrt«. Ein Fischer sorgt für das leibliche Wohl und entweder schlägt man sein Zelt hier auf oder nutzt den etwas größeren Campingplatz »Bolter Kanal« als Nachtlager (www.mueritz.com).

2. Tag: Am nächsten Morgen geht es dann auf das offene Wasser der **Müritz** › S. 93, vorbei an Rechlin in die ruhige Kleine Müritz und über den Sumpfsee in den Mirower Kanal. Am Kanal brüten Eisvögel, ebenso Graugänse und Bläßrallen. Zu guter Letzt passiert man die Mirower Schleuse (zu jeder vollen Stunde) und kehrt zurück zum Ausgangsort **Mirow** › S. 114.

Klima & Reisezeit

Mecklenburg-Vorpommern besitzt ein Übergangsklima, denn hier treffen die maritimen Klimaeinflüsse Westeuropas auf die kontinentalen Osteuropas. So fallen im Westen etwas mehr Niederschläge als im Osten, im Binnenland weniger als an der Küste. Die Jahresniederschlagsmenge liegt zwischen 500 und 650 mm, bei ungefähr zehn Regentagen pro Monat. Die großen Seen und ausgedehnten Wälder, unterschiedliche Hangneigungen und Höhenlagen beeinflussen das Kli-

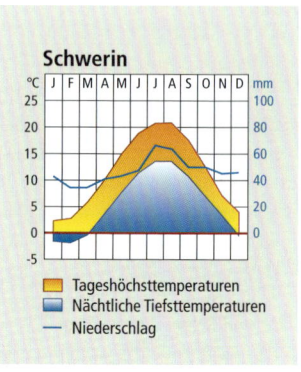

ma. Die erwärmten Wassermassen der Müritz haben bis in den Winter einen positiven Einfluss auf die Temperaturen, im Frühjahr wirkt das kalte Wasser abkühlend.

Durchschnittlich sind die Sommer in der Seenplatten-Region wärmer als an der Küste, die Winter dagegen etwas kälter. Der kälteste Monat ist der Januar mit einer Durchschnittstemperatur knapp unter dem Gefrierpunkt, der wärmste der Juli mit gut 17 °C. Sommerliche Tageshöchsttemperaturen von über 20 °C sind die Regel, auch Tage mit 30 °C kommen vor. Bei kontinentalem Hochdruckeinfluss verbunden mit Ostwind kann man sowohl im Sommer als auch im Winter blauen Himmel und Sonnenschein genießen. Mit 1650 Sonnenstunden im Jahr gehört die Müritz zu den sonnenreichsten Orten Deutschland. Die Wassertemperatur der Seen hängt von Größe und Tiefe ab und pendelt sich im Sommer zwischen 19 °C und 23 °C ein.

Dank weitgehend intakter Natur, milden Klimas, sauerstoffreicher Luft sowie klaren Wassers sind viele Orte der Mecklenburgischen Seenplatte »anerkannter Luftkurort« oder »staatlich anerkannter Erholungsort«.

Die meisten Urlauber kommen zwischen Mai und Oktober, vor allem in den Sommerferien. Bei schönem Wetter zieht es viele Tages- und Wochenendausflügler aus Berlin und Hamburg zur Mecklenburgischen Seenplatte. Rund um die Müritz und im Müritz-Nationalpark ist es dann voller als an kleineren, nicht so bekannten Seen. Bei Naturfreunden beliebt sind September und Oktober, wenn sich die Kraniche für ihren Zug gen Süden sammeln. Vor Weihnachten locken Adventsmärkte, aber im Januar und Februar haben viele Hotels und Restaurants geschlossen.

Wer zu den Mecklenburgischen Festspielen anreist, sollte frühzeitig disponieren, Karten für die Top-Konzerte sind schnell vergriffen.

Anreise

Auto

Die westliche Seenplatte erreicht man über die A 24 (Hamburg – Berlin), von der die A 14 nach Schwerin und Wismar abzweigt. Nördlich um die Seenplatte herum führt die A 20 (Küstenautobahn). Alternativ gibt es weiter südlich die B 104, die zwischen Schwerin und Pasewalk mitten durch die Seenplatte verläuft. Von Süden reist man entweder über die A 24 und A 19 an oder fährt über die B 96 nach Neustrelitz. Von Berlin in den Osten der Seenplatte kann man auch die A 11 und A 20 bis Neubrandenburg nehmen.

Bahn

Die Anreise mit der Bahn erfolgt aus Nord- und Westdeutschland via Hamburg und Schwerin (Zug nach Rügen), aus Ost- und Süddeutschland über Berlin nach Neustrelitz und Waren (Zug nach Rostock). Frühzeitige Buchung erhöht die Chance auf Sonderpreise bei der Bahn (www.bahn.de).

Bus

Mit Fernreisebussen erreicht man zwar viele Reiseziele an der Ostseeküste (z.B. Wismar, Kühlungborn, Rerik), aber zur Seenplatte gelangt man nur über Schwerin, entweder durch Umsteigen an der Ostseeküste oder direkt von Berlin aus (www.berlinlinienbus.de).

Flugzeug

Germanwings (www.germanwings.com) fliegt regelmäßig von Köln/Bonn, Stuttgart, Friedrichshafen, Zürich und Salzburg nach Rostock-Laage, dem nächsten internationalen Flughafen.

Reisen in der Region

Die meisten Feriengäste reisen im eigenen Wagen an und benutzen ihn auch für Ausflüge am Urlaubsort. Nur so ist man flexibel und erreicht alle Ziele problemlos. Die größeren Straßen sind alle gut ausgebaut, Nebenstrecken hingegen können schmal und kurvig, holprig und voller Schlaglöcher sein. Der Müritz-Nationalpark ist für den privaten Autoverkehr gesperrt, hier geht es nur mit dem Nationalparkbus, mit Rad oder zu Fuß weiter › **S. 94**.

Bus

Das Busnetz in den größeren Städten ist gut ausgebaut und reicht bis zu nahe gelegenen Ausflugszielen. Über Land wird es mühselig. Im Prinzip ist zwar jedes Dorf mit dem Bus zu erreichen, doch meist nur ein oder zwei Mal am Tag, am Wochenende oft gar nicht. Der Müritz-Nationalparkbus samt Zubringerbus ist dagegen zuverlässig, verkehrt häufig und erlaubt im Gegensatz zu anderen Bussen die Mitnahme von Rädern.

Bahn

Das Streckennetz der Deutschen Bahn ist in dieser Region nicht mehr flächendeckend, mehrere Strecken wurden stillgelegt (www.db.de). Die Züge von InterConnex verbinden Leipzig, Berlin, Schwerin, Rostock und Warnemünde (www.interconnex.com), zudem gibt es Nahverkehrsstrecken zwischen Neustrelitz und Neubrandenburg sowie Parchim, Schwerin, Rehna. In den Zügen (Ausnahme ICE, Schienenersatzverkehr) ist eine Fahrradmitnahme möglich, am Wochenende und zu Hauptferienzeiten ist es oft zu voll.

Schiff

Auf der Müritz verkehren die Linienschiffe der Weißen Flotte › S. 91.

Mietwagen

Verleiher sind in Schwerin, Güstrow, Neubrandenburg, Neustrelitz, Waren.

Sport & Aktivitäten

Die Mecklenburgische Seenplatte bietet ein Paradies für Ferien im, am und auf dem Wasser. Segler, Surfer und Kanuten finden hier ideale Reviere, Wanderer und Radler ein gut ausgebautes und beschildertes Wegenetz in unberührter Natur.

Angeln

Die unzähligen Seen sind ein Paradies für Angler, doch bevor man die Angel auswerfen darf, benötigt man einen Fischereischein. Wer keinen besitzt, der bekommt einen 28 Tage gültigen Touristen-Fischereischein für 20 € bei fast allen Touristenbüros und Kurverwaltungen. Anschließend muss man sich nur noch die für das jeweilige Gewässer gültige Angelkarte besorgen, dann kann man sein Glück probieren. Weitere Infos unter www.angeln-in-mv.de.

Baden und Kuren

Bei all den Seen sind die Bademöglichkeiten fast unbegrenzt. Generell ist die Wasserqualität gut bis sehr gut. Besonders idyllisch sind kleine – oft sandige – Badestellen, die man zufällig auf einer Radtour oder Wanderung entdeckt. Eine detaillierte Auflistung von beliebten Stränden, gegliedert in familienfreundliche Strände, Baden für Mobilitätseingeschränkte, FKK-Baden und Hundestände bietet www.mecklenburgische-seenplatte.de.

Unterwegs mit Kindern

An sonnigen Sommertagen sind die meisten Kinder zufrieden, wenn sie an und in einem der vielen Seen nach Herzenslust herumtollen können. Aber auch wenn man mit größerem Nachwuchs oder an kühleren Tagen unterwegs ist, muss sich niemand langweilen: Tierparks, Aquarien, Klettergärten oder auch Sommerrodelbahnen sorgen für Abwechslung.

Tierisch gut

Viechereien, egal welcher Art und Größe, kommen bei Kindern immer gut an. Und davon hat Mecklenburg-Vorpommern eine ganze Menge zu bieten: z. B. den **Natur- und Umweltpark Güstrow** (Verbindungschaussee 1, 18273 Güstrow, Tel. 038 43/699 95 10, www.nup-guestrow.de, April–Okt. tgl. 9–19, sonst 9–16 Uhr): In einer Wiesen-,

Wald- und Moorlandschaft gelangt man über Knüppeldämme und auf schmalen Pfaden zu Wildschweinen, Hirschen, Adlern, Eulen und anderen Tieren. Der große Abenteuerspielplatz, ein Streichelgehege, vor allem aber das Wolfsrudel lassen Kinder nicht aus dem Staunen herauskommen.

Mufflons, Schneeleoparden und Sibirische Tiger können dem milden Klima in Norddeutschland sicher nicht viel abgewinnen. Für Besucher ist der **Schweriner Zoo** (An der Crivitzer Chaussee 1, 19063 Schwerin, Tel. 03 85/39 55 10, www.zoo-schwerin.de, April–Okt. Mo–Fr 9–17, Sa/So 9–18, sonst tgl. 10–15 Uhr) mit seinen hohen Bäumen und angeschlossenem Moor jedoch ein Ereignis.

Im **Müritzeum** in Waren dürfte vor allem das Riesenaquarium mit

Auf der faulen Haut – Bär im Zoo Schwerin

den einheimischen Fischen den Nachwuchs in Begeisterung versetzten, vielleicht gefällt dem aber auch die spannend konzipierte Ausstellung über den Müritz-Nationalpark › S. 91.

Vor dem Besuch des **Müritzhof** im Müritz-Nationalpark steht eine Wanderung, eine Fahrradtour oder eine Kutschfahrt. Erst dann wird es richtig interessant, denn immer dienstags kann man an einer dreistündigen Wanderung rund um den Hof teilnehmen und sich Fjällrinder, Gotlandschafe und Shetlandponys ansehen. Ein Ausflug für größere Kinder, die nicht so schnell schlapp machen › S. 97.

Das **Gutshaus Boeck** (Boeker Str. 36, Tel. 03 98 23/218 10) bildet den südlichen Eingang zum Müritz-Nationalpark. Hier gibt es neben dem Dorfmuseum ein Zinnfigurenmuseum sowie eine Zinnfigurenwerkstatt. Zudem kann man an Kutschfahrten durch den 80 ha großen Wildpark teilnehmen und ein Picknick in der Natur genießen › S. 97.

Rodeln ohne Schnee
Sommerrodelbahn Burg Stargard
Hier kann man auch im Sommer auf einer gut 700 m langen Bahn rodeln. Mit einem Lift überwindet man bequem die 30 m Höhenunterschied bis zum Start – Wiederholungen wahrscheinlich.
- Rosenstr. 1a | 17094 Burg Stargard
- Tel. 03 96 03/232 26
- www.rodelbahn-burgstargard.de
- März–Okt. tgl. 10–18 Uhr

Sommerrodelbahn mit Affenwald
Eine 800 m lange Bahn, 30 m Höhenunterschied, 7 Steilkurven und 6 Schikanen warten in Malchow. Außerdem gibt es im Tierpark eine freche Horde Berberaffen, die man hautnah erleben kann.
- Karower Chaussee 6
- 17213 Malchow
- Tel. 03 99 32/184 22
- www.sommerrodelbahn-malchow.de
- April–Okt. tgl. 10–18 Uhr

Seilgärten und Kletterparks
Kletterpark Plau am See
Action und Spass für alle mit einer Körpergröße über 140 cm.
- Ziegeleiweg | 19395 Plau am See
- Tel. 03 87 35/81 97 38
- www.kletterpark-plau.de
- März Sa/So 11–18, April Mi–So 11–18, Mai–Okt. tgl. 10–18 Uhr

Seilgarten Salem
Der Hochseilgarten befindet sich direkt am Westufer des Kummerower Sees.
- Am Hafen 1 | 17139 Salem
- Tel. 03 99 23/71 60
- www.kanubasis.de
- Juli/Aug. tgl. 9–18, Mai/Juni und Sept. Sa/So und Fei 9–18 Uhr

Mecklenburg-Vorpommern verfügt über zahlreiche staatlich anerkannte Heil-, Seeheil- und Seebäder sowie Luftkurorte und Erholungsorte. Die meisten liegen an der Küste, doch auch im Binnenland gibt es zahlreiche Kurmittelhäuser, Reha-Einrichtungen und Kurkliniken. Und die Angebote der großen Hotels liegen mit fernöstlichen Massagen oder Meditation voll im Trend. Weitere Infos erhält man über den Bäderverband Mecklenburg-Vorpommern (Rostocker Str. 3, 18181 Graal-Müritz, Tel. 03 82 06/788 50, www.baederverband.m-vp.de).

Golf

In Mecklenburg-Vorpommern stehen mehr als ein Dutzend Golfanlagen zur Auswahl, von einfachen 9-Loch-Parcours für Anfänger bis hin zu 18-Loch-Meisterschaftsplätzen. Gleich drei 18-Loch-Plätze, dazu zwei 9-Loch-Plätze sowie eine riesige Driving Range bietet der Golf & Countryclub Fleesensee nahe Malchow (Tel. 03 99 32/804 00, www.golfclub-fleesensee.de).

Eine detaillierte Übersicht über die Golfplätze in Mecklenburg-Vorpommern findet man unter www.golfen-mv.de/golfplaetze-mecklenburg-vorpommern.

Radfahren

Sowohl für Tagesausflüge als auch für einen ganzen Urlaub ist das Fahrrad das ideale Transportmittel. Und wenn man mal keine Lust mehr hat, in die Pedale zu treten, können Fahrräder einfach auf die Fähren, in die Regionalzüge und in den Müritz-Nationalparkbus verladen werden. In fast jedem Ort gibt es einen Fahrradverleih, der oft auch E-Bikes im Angebot hat. Die Radwanderwege sind gut ausgebaut und beschildert. Mehrere Radfernwege führen in Teilen durch das Gebiet der Seenplatte, wie der von Berlin nach Kopenhagen, der Mecklenburgische Seen-Radweg und die Eiszeitroute Mecklenburgische Seenplatte. Infos beim ADFC Landesverband Mecklenburg-Vorpommern (St.-Georg-Str. 60, 18055 Rostock, Tel. 03 81/37 70 69 76, www.adfc-mv.de).

Reitsport

Deutschlands Nordosten hat eine lange Pferdezucht-Tradition, entsprechend groß ist auch das Angebot an Reiterhöfen. Adressen und Infos bieten der Tourismusverband und der Verband Landurlaub Mecklenburg-Vorpommern unter www.reiten-in-mv.de und www.landurlaub.m-vp.de).

Kühlender Schatten auf der Alleenstraße

Wandern

Auf dem flachen Land kann man herrliche Wanderungen unternehmen und dabei stille Seen umrunden. Reizvolle Wanderreviere finden sich im Müritz-Nationalpark und in der Feldberger Seenlandschaft. Beste Wanderzeit sind Vor- und Nachsaison, schönster Monat ist der Mai zur Zeit der Rapsblüte, doch auch der Herbst hat seinen Reiz, wenn sich das Blätterdach der Laubwälder färbt. Vorschläge für Touren unter www.auf-nach-mv.de.

Wassersport

Die Mecklenburgische Seenplatte verfügt über eine gute Infrastruktur für Wassersportler. Surf- und Segelschulen bieten Kurse für Anfänger und Fortgeschrittene. Viele Sportboothäfen mit guten Serviceeinrichtungen, Bootsverleiher und organisierte Segeltörns runden das Angebot ab. Infos: Tourismusverband Mecklenburg-Vorpommern unter www.das-blaue-paradies.de und Tourismusverband Mecklenburgische Seenplatte unter www.mecklenburgische-seenplatte.de.

Die Mehrzahl der Gewässer hat keine Strömung, was das Paddeln auch Anfängern erleichtert. Nicht vergessen sollte man aber, dass die Müritz ein kleines Meer ist und sich bei Schlechtwetter schnell kurze und sehr steile Wellen aufbauen. Wenn Regen- und Gewitterfronten aufziehen, dann meistens aus westlicher Richtung. Für längere Kanutouren kann man sich vom Vermieter mit dem Kanutaxi zum Einstieg bringen oder sich am Ende der Tour wieder abholen lassen.

Auf vielen Gewässern und Wasserstraßen ermöglicht ein **Charterschein** das Führen von gemieteten Sport- und Hausbooten ohne Fahrpraxis und Bootsführerschein. Damit kann man Boote bis 15 m Länge und 12 km/h Höchstgeschwindigkeit fahren. In Theorie und Praxis wird man dann vor Ort eingewiesen, der Zeitaufwand beträgt ca. 3 Std. Mehr Infos zum Thema Wasserwandern im Special › S. 22.

Unterkunft

Typisch für Mecklenburg-Vorpommern ist Urlaub in Schlössern und Herrenhäusern abseits der Städte. Außerdem locken viele naturnahe Bauernhöfe und Campingplätze, aber auch luxuriöse Design- und Wellnesshotels.

Hotels

Von den insgesamt 2000 Schlössern in Mecklenburg-Vorpommern werden mittlerweile rund 300 touristisch genutzt. Urlaub in Schlössern und Herrenhäusern bietet immer viel historisches Ambiente, kann aber sehr unterschiedlich sein: Mal wohnt man in einem familiären Herrenhaus, mal residiert man in einem prächtigen Schlosshotel mit 4-Sterne-Komfort. Rund 20 solcher

Übernachtungsmöglichkeiten findet man unter www.m-vp.de/unterkunft/schlosshotels.htm.

Natürlich gibt es an den Seeufern auch eine Reihe Wellnesshotels mit vielfältigen Wassersportangeboten. In den Städten findet man zudem gediegene Traditionshäuser neben durchgestylten Ökohotels.

Privatquartiere

Von aufwendig ausgebauten Ferienhäusern bis zu einfachen Zimmer und Bootshäusern kann man alles finden. Gastgeberverzeichnisse halten die örtlichen Tourismusbüros bereit (www.m-vp.de/unterkunft). Eine große Auswahl an Ferienhäusern und -zimmern in der Region bieten auch www.1001-ferienhaus.de und www.ferien-privat.de.

Über Urlaub auf dem Bauernhof, Ferien auf Reiterhöfen, in Heuherbergen und andere naturnahe Unterkunftsmöglichkeiten informiert Landurlaub Mecklenburg-Vorpommern (www.landurlaub.m-vp.de).

Jugendherbergen

Besonders preiswert sind die Jugendherbergen (Tel. 03 81/77 66 70, www.jugendherbergen-mv.de).

Camping

Wer mit Wohnwagen, -mobil oder Zelt unterwegs ist, kann in Mecklenburg-Vorpommern zwischen etwa 170 Campingplätzen – oft direkt am Wasser – wählen, vom familiären Platz bis zu großen Camps mit umfassenden Angeboten. In den Sommerferien sollte man im Voraus reservieren. Hilfreich bei der Suche sind der Verband für Camping- und Wohnmobiltourismus, Tel. 03 81/403 48 55, www.camping-caravan-mv.de sowie der ADAC Campingführer Deutschland Nordeuropa, http://campingfuehrer.adac.de.

Die besten Schlosshotels

■ **Burg Schlitz** in der Mecklenburgischen Schweiz beherbergt heute ein nobles Hotel; im Landschaftspark befindet sich der Nymphenbrunnen, ein Kleinod des Jugendstils › S. 82.

■ Die Nachkommen des Erbauers von **Ulrichshusen** haben aus der einstigen Ruine wieder ein stolzes Schloss mit stilvollen Zimmern gemacht. Im ehemaligen Pferdestall wird feine ländliche Küche serviert › S. 84.

■ Das Schlosshotel **Groß Plasten** in der Nähe von Waren zählt zu den schönsten Hotelanlagen in Mecklenburg-Vorpommern. Schlossromantik, Wellness, Seeblick und Themenzimmer lassen keine Wünsche offen › S. 92.

■ **Schloss Klink** zwischen Müritz und Kölpinsee erinnert mit seinen giebelartigen Gaubenfenstern und den runden Ecktürmen an ein französisches Renaissanceschloss. Flankiert wird das historische Schloss von Neubauten › S. 94.

■ Das **Herrenhaus Marihn** aus dem 19. Jh. – mit weitläufigem Park und Rosengarten – nennt sich gerne Schloss. Und wer in den mit Antiquitäten eingerichteten Zimmern und Suiten nächtigt, wird sich als Schlossherr fühlen › S. 132.

2500 km Wasserstraßen

Ob mit Paddel oder Riemen, im Segelschiff oder Hausboot – man kann das dünn besiedelte Bundesland im Nordosten Deutschlands kreuz und quer zu Wasser bereisen. Mitteleuropas größtes zusammenhängendes Fluss- und Seengebiet bietet ein Wasserstraßennetz von 2500 km. Man sollte seine Tour sorgfältig vorbereiten: Manche Wasserwege sind aufgrund geringer Tiefe nur mit dem Kajak (Glasfaser- oder Faltboot) befahrbar oder für motorisierte Fahrzeuge gesperrt. Sehr beliebt, besonders bei Familien, sind seit einigen Jahren Flöße mit kleiner Kabine und Motor. Mit den urigen Gefährten kann man wie einst Huckleberry Finn und Tom Sawyer zumindest einige der 1800 Seen in gemütlichem Tempo erkunden (Tom Sawyer Tours in Neustrelitz: www.worldoftomsawyer.de und Tante Polly FC von northtours in Wesenberg: www.tantepolly.de).

Immer in Müritz-Nähe

Die müritznahen Gewässer sind für Wasserwanderer überaus reizvoll; eine Tour über Plauer See, Fleesen- und Kölpinsee zur Müritz verspricht erlebnisreiche Tage. Die Müritz selbst ist für kleine Boote (Faltboot, Kajak, Einer- und Zweier-Kanadier) angesichts ihrer Größe, der teils geringen Wassertiefe und böiger Winde mitunter äußerst gefährlich. Selbst bei Windstille sollte man sich nicht zu weit vom Ufer entfernen. Am Ostufer der Müritz darf man auf einer ca. 10 km langen Strecke nicht anlegen, weil diese zum geschützten Müritz-Nationalpark gehört. Wer mehrere Etappen unterwegs ist, findet gut gestaffelt Rast- und Zeltplätze.

Feldberger Seenlandschaft

Die Feldberger Seen gehören mit zum Schönsten, was Mecklenburg-

Vorpommern wasserseitig zu bieten hat. Die meisten Seen sind für Motorboote gesperrt, die Wasserwanderer bleiben unter sich. Ruhige Gewässer also für Kajaks und Kanadier. Für den Küstriner Bach nahe dem Großen Küstrinsee sollte man etwas Erfahrung mitbringen; die gut 6 km lange Strecke hat knapp 9 m Gefälle und ist Mecklenburg-Vorpommerns einzige Wildwasserstrecke. Auch hier ist das Netz an Campingplätzen relativ dicht, dort sind häufig auch Verleihstationen vorzufinden.

Mecklenburger Kanurundfahrt

Die von dem Schweriner Kanuverein (Tel. 03 85/557 10 18, www.kuk-schwerin.de) alljährlich organisierte Kanurundfahrt findet jeweils am 1. Maiwochenende statt.

Karten-Tipps

▪ **Wasserwanderatlas Mecklenburgische Gewässer und Boddengewässer**, Maßstab 1:100 000, Kompass-Verlag
▪ **Tourenatlas Wasserwandern 6**, Mecklenburg-Vorpommern 1:75 000, Jübermann-Verlag

Bootsvermietungen

Boote auch für mehrtägige Touren (mit kompletter Ausrüstung wie Spritzdecken, Schwimmwesten und Packsäcken) kann man in größeren Orten ausleihen. Ein Einer-Kajak schlägt mit ungefähr 20 Euro pro Tag und mit 80–100 Euro pro Woche zu Buche, beim Zweier- oder Dreier-Kanadier liegen die Preise

bei etwa 30–40 Euro pro Tag und 120–140 Euro pro Woche. Bei längeren Touren empfiehlt sich eine Voranmeldung. Einige Vermieter bieten einen Shuttleservice für den Rücktransport an.

▪ **Kanubasis Mirow**
Kajaks und Kanadier, geführte Familien- und Jugendtouren.
Dorfstr. 1 | 17209 Vipperow
Tel. 03 99 23/71 60
www.kanubasis.de

▪ **Kanustation Mirow**
Kajaks und Kanadier, Paddeltouren.
An der Clön 1 | 17252 Mirow
Tel. 03 98 33/220 98
www.kanustation.de

▪ **Kanustation Granzow**
Kajaks und Kanadier, Bootsshuttle, Touren.
17252 Granzow | Tel. 03 98 33/218 00
www.kanustation-granzow.de

▪ **Sun-Sailing-Müritz**
Charter von Segeljachten und Jollen, Skippertraining.
Hafen am Schloss | 17192 Klink
Tel. 039 91/12 50 25
www.sun-sailing-mueritz.m-vp.de

▪ **Kuhnle-Tours**
Segel- und Motorboote sowie Hausboote.
Hafendorf Müritz | 17248 Rechlin
Tel. 03 98 23/26 60
www.kuhnle-tours.de

▪ **Freecamper – Bootscamping**
Was auf den ersten Blick sonderbar anmutet, funktioniert: Man fährt mit seinem Wohnmobil auf ein speziell konzipiertes Boot und wohnt in seinem mobilen Heim wie im Hausboot.
Dorfstr. 1 | 17209 Vipperow
Tel. 03 99 23/716 26
www.freecamper.de

Märchenhafte Insel im See für einen Schatz der Renaissance – das Schweriner Schloss

LAND & LEUTE

STECKBRIEF

- **Landeshauptstadt:** Schwerin
- **Fläche:** 23 181 km², davon 1100 km² Wasser (1764 Seen); die Küste einschließlich der Inseln ist 1470 km lang, davon sind 340 km Ostsee- und 1130 km Boddenküste.
- **Inseln:** Rügen (926,4 km²), Usedom (445 km²), Poel (37 km²), Hiddensee (18,6 km²).
- **Seen:** Die Müritz ist mit 117 km² nach dem Bodensee der größte See Deutschlands, außerdem: Schweriner See (64 km²), Plauer See (39 km²).
- **Flüsse:** Elde (184 km), Peene (156 km), Warnow (128 km).
- **Erhebungen:** Helpter Berge (179 m), Ruhner Berge (178 m), Brohmer Berge (153 m).
- **Einwohner:** 1,6 Mio., Bevölkerungsdichte: 69 Einw./km²; Mecklenburg-Vorpommern ist das am dünnsten besiedelte deutsche Bundesland.

Lage und Landschaft

Mecklenburg-Vorpommern liegt an der Ostsee, genau gesagt zwischen Lübecker und Pommerscher Bucht. Das nordöstliche Bundesland wird im Westen von Schleswig-Holstein, im Südwesten von Niedersachsen und im Süden von Brandenburg begrenzt. Einige Kilometer westlich der Oder und mitten durch das Stettiner Haff verläuft die Grenze zu Polen.

Das Landesinnere präsentiert sich vielgestaltiger als man im Allgemeinen denkt – hier ist nicht nur Wasser, nicht ausschließlich flaches Land. Die letzte Eiszeit hat die heutige Gestalt des Landes abwechslungsreich geformt. Was die Geologen als Moränenzüge, Toteisseen, Urstromtäler und Sander bezeichnen, lässt sich zwischen Elbe und Oder in seinem ganzen Formenreichtum bewundern: mal platt wie eine Flunder in der Ueckermünder Heide und in den Elbtalniederungen, mal hügelig mit Erhebungen bis zu 179 m in den Helpter Bergen bei Woldegk oder östlich von Güstrow in der Mecklenburgischen Schweiz, die ihren Namen nicht von ungefähr bekam. Typisch sind Misch- und Kiefernwälder, weite Äcker und natürlich immer wieder Seen. Die Seen Mecklenburg-Vorpommerns haben eine Gesamtgröße, die ein Viertel der Seenfläche Deutschlands ausmacht. Und die Müritz ist immerhin der größte deutsche Binnensee.

Bevölkerung

Von den knapp 1,6 Mio. Einwohnern Mecklenburg-Vorpommerns leben etwa 42 % auf dem Land. In den vier alten Hansestädten Rostock, Greifwald, Stralsund und Schwerin wohnt knapp ein Viertel der Bevölkerung. Durch Abwanderung und Geburtenrückgang zählt das Bundesland heute etwa 250 000 Menschen weniger als noch zu DDR-Zeiten. Über die Einheimischen heißt es, sie seien langsam, wortkarg, schwerblütig und dickköpfig, bisweilen widerborstig und kühl. Wer durch die Region reist, wird all dem hin und wieder zustimmen aber auch ebenso oft das Gegenteil davon vorfinden. Gewiss braucht man mit den Leuten nicht unbedingt »up Platt tau snacken«, um festzustellen, dass sich hinter der vermeintlich rauen Schale viel Gutmütigkeit versteckt.

Wirtschaft

Bismarcks Bonmot, bevor der Weltuntergang komme, werde er in den Norden ziehen, denn dort passiere alles 100 Jahre später, wird immer noch gern kolportiert. Ein Grund dafür sind die traditionell agrarischen Strukturen des nordöstlichen Bundeslandes. Doch darin liegt auch das Problem, denn es gibt derzeit gut 10 % Arbeitslosigkeit; die Arbeitslosenquote liegt damit deutlich über dem Bundesdurchschnitt. Der größte Teil der Bevölkerung ist im Dienstleistungsgewerbe beschäftigt. Landwirtschaft und Fischerei tragen lediglich zu einem kleinen Teil zum Bruttosozialprodukt bei.

Neue Arbeitsplätze schufen kurzfristig verkehrstechnische Großprojekte wie die Ostseeautobahn und der Bau der neuen Rügenbrücke. Die Industrie ist auf das Meer ausgerichtet und konzentriert sich in den Küstenstädten. Tragende Säulen sind Schiffs- und Reparaturwerften sowie die Häfen. Einen führenden Platz nimmt das Land – unübersehbar – bei der Stromgewinnung durch Windkraft ein. Der Tourismus hat in Mecklenburg-Vorpommern eine lange Tradition. Vor allem natürlich an der Ostseeküste, aber auch für die Mecklenburgische Seenplatte ist er das wichtigste wirtschaftliche Standbein. Nach Bayern ist Mecklenburg-Vorpommern das beliebteste Feriengebiet Deutschlands. Für die jährlich etwa 7 Mio. Besucher stehen hier im Norden mehr mehr als 200 000 Betten zur Verfügung.

Windkraft für die Wirtschaft im Norden

Geschichte im Überblick

8000 v. Chr. Jäger hinterlassen erste Spuren in Form von Knochenharpunen und Werkzeugen aus Feuerstein.

3500–1800 v. Chr. Die Bevölkerung wird sesshaft, noch heute sind die beeindruckenden Großsteingräber aus dieser Zeit zu besichtigen.

600 v. Chr. Germanische Stämme besiedeln das Gebiet zwischen Elbe und Oder, verlassen es jedoch 300–500 n. Chr. im Zuge der Völkerwanderung wieder.

Um 600 Slawische Wenden besiedeln den Landstrich.

Um 950 Der Stamm der Obotriten widersetzt sich erfolgreich gegen den Versuch des deutschen Kaisers Otto I., die wendische Region an sein Reich anzugliedern.

995 Das slawische »Mikilinborg« wird erstmals in einer Urkunde von Kaiser Otto III. erwähnt.

1124–1128 Der Bischof Otto von Bamberg unternimmt Missionsreisen nach Pommern und Vorpommern.

1147–1168 Der Sachsenherzog Heinrich der Löwe erobert im Auftrag von Kaiser Friedrich I. Barbarossa das Land. Die wendischen Fürsten, die sich zum Christentum bekennen, erhalten es als Lehen. Gründung des Bistums Schwerin.

1170 Pribislaw, der über große Teile Mecklenburgs beherrscht, wird von Kaiser Friedrich I. als Reichsfürst anerkannt.

1180–1227 Nach dem Sturz Heinrichs des Löwen gewinnen die Dänen für knapp fünf Jahrzehnte an Einfluss. Bereits 1181 wird auch Pommern reichsunmittelbares Fürstentum.

13. Jh. Mit der Ostkolonisation kommen Siedler aus Niedersachsen, Westfalen und dem Rheinland. Zahlreiche Städte entstehen.

1229–1295 In Mecklenburg und Pommern kommt es erstmals zu Landesteilungen. 1281 schließen sich Lübeck, Rostock, Wismar, Stralsund und Greifswald zur Wendischen Hanse zusammen, die zum mächtigsten mittelalterlichen Städtebund wird.

1348 Die mecklenburgischen und pommerschen Fürsten erhalten von Kaiser Karl IV. die Herzogswürde, die sächsische Lehenshoheit endet.

1370 Im Stralsunder Frieden wird der Krieg zwischen Dänemark und der Hanse beendet.

1419 und 1456 Gründung der Universitäten in Rostock und in Greifswald.

1534 In Pommern wird die Reformation angenommen, in Mecklenburg setzt sie sich bis 1549 durch.

1523 Die mecklenburgischen Landstände gründen sich. Ritterschaft, Städte und Stände bilden ein Gegengewicht zu den Fürstenhäusern.

1618–1648 Im Dreißigjährigen Krieg zerfällt die Hanse. Im Westfälischen Frieden erhält Schweden Vorpommern, Stettin, Wismar und

Rügen; Brandenburg kann seinen Erbanspruch auf Hinterpommern geltend machen.

17. Jh. Leibeigenschaft und Erbuntertänigkeit werden gesetzlich verankert. Durch das berüchtigte Bauernlegen, die Einziehung bäuerlichen Besitzes, vervielfachen Gutsbesitzer ihr Land.

1701 Der Hamburger Vergleich beendet Erbstreitigkeiten der Mecklenburger Herzöge. Die Länder Mecklenburg-Strelitz und Mecklenburg-Schwerin entstehen.

Heinrich der Löwe als Eroberer im 12. Jh.

1806–1807 Die Franzosen besetzen Mecklenburg und Vorpommern.

1810 Ende der Leibeigenschaft in Schwedisch-Vorpommern, 1820 in Mecklenburg. Die Kleinbauern bleiben noch 100 Jahre in Abhängigkeit von ostelbischen Junkern.

1815 Mit dem Wiener Kongress fällt Vorpommern an Preußen.

1848–1849 Mit der Revolution scheitert in Mecklenburg der Übergang zur konstitutionellen Monarchie; das Land bleibt bis 1918 ohne Verfassung.

1867–1868 Mecklenburg tritt dem Norddeutschen Bund und dem Deutschen Zollverein bei.

Ab 1871 Die Großherzogtümer Mecklenburg, Preußen und damit Vorpommern gehören dem neu gegründeten Deutschen Reich an.

1909 Die Eisenbahnfähre Sassnitz–Trelleborg geht in Betrieb.

1918 Die Novemberrevolution beseitigt die Ständeverfassung.

1934 Mecklenburg-Schwerin und Mecklenburg-Strelitz werden zum Land Mecklenburg vereinigt.

1945 Das Land Mecklenburg-Vorpommern wird gebildet.

1952 Das Land wird aufgelöst und in die DDR-Bezirke Schwerin, Rostock und Neubrandenburg aufgeteilt.

1990 Durch die Wiedervereinigung entsteht das Bundesland Mecklenburg-Vorpommern.

1992–2005 Fertigstellung der Küstenautobahn A20 in Mecklenburg-Vorpommern über Wismar, Rostock, Greifswald, Neubrandenburg, und Pasewalk.

2002 Die UNESCO ernennt die Altstädte von Stralsund und Wismar zum Weltkulturerbe.

2011 Mit Inkrafttreten der Kreisgebietsreform entstehen sechs neue Landkreise, u.a. Ludwigslust-Parchim, Greifswald-Vorpommern sowie Mecklenburgische Seenplatte, der mit 5468 km² größte Landkreis Deutschlands.

2013 Mecklenburg-Vorpommern setzt das Schweriner Schloss auf die deutsche Vorschlagsliste für das UNESCO-Weltkulturerbe.

Natur & Umwelt

Mecklenburg-Vorpommern besitzt noch reichlich unberührte Natur. Wer hier reist, sieht oft weit und breit keine Menschenseele, was bei 69 Einwohnern je km² nicht verwundert. Dafür existieren mehr oder minder ungestörte Reviere für Kraniche, Reiher, Schwarz- und Weißstörche sowie Nonnen- und Graugänse. Im Müritzgebiet leben etliche See- und Fischadler, und den Höckerschwan sieht man überall. An Kesselmooren und Seen lassen sich Orchideen und Sumpfdotterblumen entdecken.

Ironie der Geschichte: Im vormaligen Staatsjagdbereich und in den Grenzgebieten der DDR blieben einzigartige Naturräume erhalten. Um sie zu bewahren, wurden ca. 260 Landschaftsschutzgebiete ausgewiesen. Seit 1990 stehen fast 13 % der Landesfläche unter besonderem Schutz, wurden zwischen Elbetal und Usedom, zwischen Feldberg und Rügen drei Nationalparks, zwei Biosphärenreservate und acht Naturparks eingerichtet.

Kunst & Kultur

Architektur

Alle kunstgeschichtlichen Epochen haben auch im Norden unübersehbare Spuren hinterlassen: Auf die Romanik geht der Dom in Schwerin zurück, in der Renaissance entstand das eindrucksvolle Schloss in Güstrow, im Barock errichtete man so bedeutende Adelssitze wie Ludwigslust, mit Neustrelitz wurde im 18. Jh. eine ganze Barockstadt aus dem Boden gestampft. Die Schlossgärten lehnten sich an Versailles an; und dass sie sich heute vorwiegend als Landschaftsparks präsentieren, ist dem Wirken von Peter Joseph Lenné (1789–1866) zu verdanken.

Doch keine Architekturepoche prägte das Land so wie die Gotik, welcher der Backstein zu einer typisch norddeutschen Handschrift verhalf. Aus Mangel an Sandstein wurden die aus Lehm gebrannten Ziegel für die Stadttore und die Marienkirche in Neubrandenburg ebenso verwendet wie für die Domkirchen in Schwerin und Güstrow und zahlreiche mittelalterliche Klöster. Einige davon blieben erhalten wie in Dobbertin, Neukloster und Dargun. Aber selbst in Kleinstädten und Dörfern hinterließ die Backsteingotik beeindruckende Spuren.

Die Baumeister entwickelten für die Verwendung von Backsteinen, die ihre architektonischen Möglichkeiten ein wenig einschränkte, eine eigenwillige Formensprache aus Blendgiebeln, gemauerten Bögen und geometrischen Mustern, die den Wechsel von glasierten und unglasierten Ziegeln einschließt.

Bemerkenswert ist auch die große Anzahl an Schlössern und Herrenhäusern in unterschiedlichsten Stilen, die über das gesamte Land verstreut sind, nur einige besonders schöne Beispiele sind Burg Schlitz sowie die Schlösser Ulrichshusen, Groß Plasten, Basedow und Wiligrad.

Bescheidener wurde auf dem Land gebaut: Bis ins 19. Jh. hat man hier an den niederdeutschen Hallenhäusern festgehalten, in denen alle unter einem Dach lebten: die Bauern, das Gesinde und das liebe Vieh.

Friedrich »Brennendes Neubrandenburg«

Malerei und Plastik

Die einfach strukturierten, spröden Landschaften des Nordens zogen seit jeher Maler und andere Künstler in ihren Bann. Viele suchten und fanden an der Küste Inspiration wie der Brücke-Mitbegründer Erich Heckel. Besonders eng mit der Region verbunden aber sind zwei Namen: Der in Greifswald geborene Caspar David Friedrich (1774–1840) verewigte auf seinen Bildern auch Neubrandenburg, die Heimatstadt seiner Eltern. Ernst Barlach (1870–1938), dessen Werk von den Nazis als entartete Kunst geschmäht wurde, schuf in Güstrow seine weltberühmten Figuren. »Der Schwebende« im dortigen Dom ist eines seiner Hauptwerke.

Literatur

Aus der langen Liste der niederdeutschen Schriftsteller ragt eine Persönlichkeit besonders hervor: Fritz Reuter (1810–1874), der in Stavenhagen als Sohn des Bürgermeisters geboren wurde, ging in seinem Inland-Platt mit Romanen und Versdichtungen wie »Ut mine Festungstid« oder »Kein Hüsung« den norddeutschen Verhältnissen auf den Grund. 1856 ließ er sich in Neubrandenburg nieder, hier entstand u.a. seine Humoreske »Dörchläuchting« (1866), für die ihm Großherzog Adolph Friedrich IV. von Mecklenburg-Strelitz die Vorlage lieferte.

Um die Mecklenburger Sprache verdient gemacht hat sich auch Richard Wossidlo (1859–1939), der sein ganzes Leben lang volkskundliche Quellen gesammelt hat. Er bereiste jeden Ort Mecklenburgs und legte damit die Grundlage für das Mecklenburgische Wörterbuch. Das Wossidlo-Archiv umfasst rund zwei Millionen Dokumente, ein Schatz, den heute die Universität Rostock aufbewahrt und auswertet.

Von der Feldberger Seenlandschaft ließ sich Hans Fallada (1893–1947), der als Rudolf Ditzen geboren wurde, inspirieren. Er hatte mit »Kleiner Mann – was nun?« gerade seinen schriftstellerischen Durchbruch geschafft, als er 1933 vor den Nazis aus Berlin aufs Land floh. Er kaufte ein Anwesen in Bohnenwerder am Carwitzer See und erlebte hier bis 1944 seine produktivste Phase, schrieb u. a. »Wer einmal aus dem Blechnapf frisst«.

Musik

In Mecklenburg-Vorpommern wird viel Musik gemacht, und das nicht erst, seit der Pianist und Dirigent Justus Frantz 1990 die Musikfestspiele aus der Taufe gehoben hat. Dieses Event lockt alljährlich Tausende von Besuchern zu den schönsten Spielstätten des Landes: zum Schlosshof von Ludwigslust, ins Schloss Ulrichshusen oder in die großen Gotteshäuser von Schwerin und Güstrow. Anziehungspunkte für Orgelfreunde sind die Konzerte auf der Ladegast-Orgel im Schweriner Dom.

Feste & Veranstaltungen

Kultur ballt sich in Mecklenburg-Vorpommern in den Städten, wo im Sommer Theaterfestivals, Musikwochen und Orgelkonzerte stattfinden. Selbst die Avantgarde gibt sich ein Stelldichein bei den Schlossfestspielen in Schwerin. Gefeiert wird im Sommer fast ohne Unterlass: Vor allem Segelwochen und Regatten aller Art gehören zum Feste-Einmaleins an und auf den Seen in Mecklenburg-Vorpommern.

Festkalender

März/April: Am Wochenende vor und an Ostern finden zahlreiche **Ostermärkte** statt, u.a. in Sietow mit Osterfeuer und in Waren mit riesigem Schokoladeneier-Nest.

Mai: Anfang des Monats dreht sich beim **Filmkunstfest Mecklenburg-Vorpommern** in Schwerin alles um die besten deutschen Spiel-, Kurz-, und Dokumentarfilme. Hauptpreis ist der Fliegende Ochse (www.filmkunstfest-mv.de). Das Top-Event der Seenplatte ist die **Müritz Sail** in Waren Ende Mai mit Regatten, Flottenparade und Partymeile (www.mueritzsail.net).

Mai/Juni: An Pfingsten pilgern Massen von Motorradfans zu den **Internationalen Grasbahnrennen** auf den Bergring in Teterow (www.bergring-teterow.de). Zu »KunstOffen« öffnen in ganz Mecklenburg-Vorpommern Hunderte Maler, Töpfer, Bildhauer, Glasbläser und andere Künstler ihre Ateliers und Werkstätten für Besucher (www.kunst-offen.com).

Juni: Am 3. Sonntag im Juni ist bei den **Reuterfestspielen** in Stavenhagen Platt angesagt.

Juni – Juli: Bei den **Schlossfestspielen Schwerin** präsentiert das Meck-

Hast du Töne – die Musikfestspiele Mecklenburg-Vorpommern bringen Klassik aufs Land

lenburgische Staatstheater die »Fledermaus« von Johann Strauss auf einer Open-Air-Bühne im Alten Garten (www.theater-schwerin.de/schlossfestspiele)

Juni – August: Die **Festspiele Mecklenburg-Vorpommern**, eines der bedeutendsten Klassikfestivals Deutschlands, nutzen etwa 90 Spielstätten für Konzerte mit weltberühmten Orchestern und Starsolisten (www.festspiele-mv.de). Die **Festspiele im Schlossgarten** von Neustrelitz führen im barocken Park alljährlich eine andere Operette auf. (www.festspiele-schlossgarten-neustrelitz.de)

Juli: Mitte des Monats steigt in Plau am See die **Badewannenrallye** (www.badewannenrallye.de). Am ersten Juliwochenende finden sich Keramiker zum **Töpfermarkt** in Schwerin ein (www.schweriner-toepfermarkt.de).

August: Beim **Drachenbootfestival** in Schwerin gehen auf dem Pfaffenteich rund 150 Mannschaften an den Start (www.drachenbootfestival.de). Am zweiten Augustwochenende steigt das **Burgfest** auf Burg Stargard mit Mittelaltermarkt und Ritterspielen

September: Das Gestüt Redefin lädt an drei Sonntagen zur **Hengstparade** ein (www.landgestuet-redefin.de). Zum Abschluss der Kanusaison zählt Kondition, denn beim **1000-Seen-Marathon** sind 21, 42 oder 62 km zu bewältigen (www.1000seen-marathon.de).

September – Oktober: Beim **Schlösserherbst** öffnen zahlreiche Schlösser, Herrenhäuser, Parks und Gärten ihre Tore und bieten Kulturliebhabern ein buntes Programm.

Einen ausführlichen Veranstaltungskalender, geordnet nach Urlaubsregionen, finden Sie auf: www.auf-nach-mv.de/events. Auf www.mvtermine.de sind die Veranstaltungen nach Themen, Orten und Terminen sortiert.

Essen & Trinken

Die Köche Mecklenburg-Vorpommerns sind gut auf Gäste eingerichtet, die im Urlaub nicht nur frische Luft schnuppern, sondern auch gediegen essen und trinken wollen. Man besinnt sich auf bodenständige regionale Rezepte und ihre modernen Varianten. Bei einem gastronomischen Streifzug kann man Unterschiede auf engstem Raum entdecken. So isst man in Vorpommern deftiger als in Mecklenburg und an der Küste variantenreicher als im Inland. Im Zentrum steht natürlich die Fischküche. Die Fischbestände in Ostsee und Binnenseen geben einiges her. Zu den Spezialitäten auf den Speisekarten gehören Hering, Flunder, Zander, Maräne, Stör, Hecht und Aal – gebeizt und pochiert, gefüllt, gegrillt, gebraten oder gekocht, geräuchert oder in Gelee. Eine kulinarische Rarität ist der Ostseeschnäpel, der wegen seines zartrosa Fleischs auch als Steinlachs bekannt ist. Früher vom Aussterben bedroht, wurden in Waren (Müritz) Fische herangezogen, die man dann in den Haff- und Boddengewässern aussetzte. Gourmets schätzen auch die heimischen Flusskrebse.

Die Wälder der Region bieten zudem Wild und Pilze. Das Angebot reicht von Hirschbraten mit frischen Pflaumen, Preiselbeeren und Sahne über würzigen Wildschweinbraten bis zu Rehragout mit Pfifferlingen. Geflügel ist im Binnenland weit verbreitet, wie die nach Pommernart mit Äpfeln und Sauerkraut gefüllte Ente. Dazu trinkt man Bier und hinterher Korn oder Köm, den norddeutschen Aquavit.

Die besten Restaurants

■ Nachhaltige Landwirtschaft, artgerechte Tierhaltung und fairer Handel liegen Küchenchef Markus Podszus am Herzen. Im **Restaurant aurum**, im Schweriner Speicher am Ziegelsee, kreiert er hervorragende saisonale und regionale Spezialitäten › S. 50.

■ Auch im **Hotelrestaurant Landlieb** bei Güstrow sind Bioprodukte Trumpf. Und nach dem Schlemmen geht es in den Park zum Verdauungsspaziergang › S. 76.

■ **Ich weiß ein Haus am See** in Krakow am See gehört zum feinen Kreis der Sternelokale in Mecklenburg-Vorpommern. Anleihen aus der klassisch-französischen Küche dominieren die Menüs › S. 78.

■ Das **Seglerheim** in Röbel serviert vorzügliche Fisch-, Fleisch- und Wildgerichte. Und schön sitzt man außerdem – in einem reetgedeckten Haus direkt am Wasser › S. 100.

■ Der Name **Fürstenhof** ist Verpflichtung. Am historischen Markt von Neustrelitz versteht der engagierte Küchenchef sein Handwerk › S. 112.

■ Wenn ein Restaurant **Zum Wildschwein** heißt, erwartet man natürlich auch ein leckeres Stück vom Borstenvieh auf dem Teller. In Wittenhagen wird man bei Braten und Ragout nicht enttäuscht › S. 118.

Shopping

Als Einkaufsparadies kann man Mecklenburg-Vorpommern zwar nicht bezeichnen, aber in den großen Städten Neubrandenburg, Neustrelitz und besonders in Schwerin laden Einkaufsstraßen und Shoppingzentren durchaus zum Bummeln ein.

An kulinarischen Mitbringseln werden auch im Binnenland Sanddornprodukte angeboten, sei es als Honig, Saft oder Seife. Im mecklenburgischen Ludwigslust gibt es 120 ha Sanddornplantagen, wo der orangegelbe Vitaminspender angebaut und verarbeitet wird. Außer im Hofladen kann man die diversen Produkte auch online erwerben (Friedrich-Naumann-Allee 26, 19288 Ludwigslust, Tel. 038 74/219 73, www.sanddorn-storchennest.de).

Und aus Raps, dessen Blüten im Mai die Felder knallgelb leuchten lässt, wird nicht nur Biokraftstoff, sondern auch feines Speiseöl produziert. Der Hofladen des Klosters Rühn verkauft z.B. kaltgepresstes Rapsöl von der Ölmühle Sander in Tarnow (www.sanderland.de) sowie Honig aus dem Klosterpark (Klosterhof 1, 18246 Rühn, Tel. 03 84 61/59 10 70, www.hofladen-kloster-ruehn.de, Mo–Do 10–18, Fr 10–20, Sa 7.30–20, So 7.30–18 Uhr). Überhaupt lohnen in Mecklenburg-Vorpommern einige interessante Hofläden mit ihrem breitgefächerten Sortiment an Bioprodukten den Besuch. Der Schäferladen in Hullerbusch ist auf Lammfleisch und Schafwolle spezialisiert (Hullerbusch 2, 17258 Feldberger Seenlandschaft, Tel. 03 98 31/200 06, www.schaeferei-hullerbusch.de, Mi–So 11–18 Uhr). Die Gutsbrennerei Schloss Zinzow veredelt die Früchte der Region zu Obstbränden, davon kann man sich vor Ort überzeugen (Zinzow 61, 17392 Boldekow, www.edel-destillate.de, Mo–Fr 8–12.30 und 13.30–17, Sa/So 14–17 Uhr).

»Ich weiß ein Haus am See« in Krakow, dem das Wohl der Gäste am Herzen liegt

Wie zu Großmutters Zeiten?

In Mecklenburg-Vorpommern ist eine Art Gegenbewegung zur Allerweltsandenken- und Kitschindustrie entstanden: hier eine Filzerei, dort eine Töpferei oder Korbflechterei, andernorts eine Weberei, die sich auf die Fertigung traditioneller Teppiche verlegt hat. Diese Ein-, Zwei- oder Drei-Personen-Manufakturen stellen wunderschöne Unikate her und lassen sich bei der Arbeit gerne über die Schulter schauen. Wer sich für traditionellen Handwerkstechniken interessiert, sollte zur Scheune nach Bollewick, 2 km südlich von Röbel am Westufer der Müritz, fahren. Hier findet man u.a. Töpferei, Drechslerei, Tischlerei, Glas- und Stickstube, Kerzenzieher sowie Chocolaterie.

Textiles

Linegaden

Im ersten Obergeschoss der Scheune gibt es verschiedene Gewebe aus Leinen als Meterware und zu Bettwäsche, Geschirr- und Tischtüchern, Servietten, Gardinen und Kleidung verarbeitet. Wer mag, der kann sich ein Oberhemd nach Maß schneidern lassen.

▌ Dudel 1 | 17207 Bollewick
▌ Tel. 03 99 31/534 46
▌ www.scheune-bollewick.de, www.linegaden.de
▌ April–Okt. tgl. 10–18, sonst bis 17 Uhr

Filzmanufaktur Claudia Stark

In einem 200 Jahre alten Fachwerkhaus verkauft die Modedesignerin ihre farbenfrohen Schals, Mützen, Stulpen und originellen Accessoirs aus Filz. Außerdem bietet Sie verschiedene Workshops zum Selbstfilzen an.

▌ Am Dorfplatz 49
▌ 19395 Retzow (bei Lübz)
▌ Tel. 03 87 37/201 24
▌ www.claudia-stark.de
▌ April–Sept. Mi–Fr 10–17, Sa 13 bis 17 Uhr, sonst nach Absprache

Glas

Glasmanufaktur Dalmsdorf

Die Glaskünstlerin Bettina Paesler fertigt Glasobjekte und Schmuckstücke. Angeboten werden aber auch Glasperlen- und Fusingkurse – eine besondere Art der Glasgestaltung mit Glaskröseln. Kleines Café mit Sonnenterrasse.

▮ Dalmsdorf 1 | 17237 Kratzeburg
▮ Tel. 039 22/29 60 57
▮ www.glasmanufaktur-dalmsdorf.de
▮ Tgl. 11–18 Uhr

Braunkeramik im Bunzlauer Stil

Die alten Gär- und Pökeltöpfe, Einlegekrausen, bauchigen Henkelflaschen oder Milchsatten im Bunzlauer Stil werden in Antikläden gehandelt. Bunzlauer Keramik trägt ihren Namen nach dem niederschlesischen Bunzlau (jetzt: Boleslawiec), wo sie einst hergestellt wurde. Dank ihrer guten Gebrauchseigenschaften war sie in ganz Deutschland begehrt.

Töpfereien, die diesen Stil pflegten, produzierten vor etwa 200 Jahren auch in der Oberlausitz, in Anhalt und Brandenburg. Heute sind sie rar geworden. Mit dem Töpferhof Lenzen hat Mecklenburg seit 1994 wieder eine Brauntöpferei: Zum Drehen wird ungereinigter Ton verwendet, sodass sich an den Gefäßen Ausbrennungen und Ausschmelzungen zeigen. Keramik aus Lenzen wird mit braunem oder gelbem Lehm glasiert und im Holzbrennofen gebrannt. Die Formenpalette ist riesig; verkauft wird zu fairen Preisen ab Hof oder auf Märkten.

Töpferhof Lenzen

▮ Waldstr. 11–12
▮ 19406 Lenzen (bei Sternberg)
▮ Tel. 03 84 81/200 74
▮ www.brauntoepferei.de
▮ Mo–Fr 9–17 Uhr, Sa/So auf Anfrage

Keramik und Töpferwaren

Töpfergut Panschenhagen

Wegen seiner üppigen und ungewöhnlichen Tonfiguren nennt man Friedemann Henschel auch das »Enfant Terrible der Töpferei«. Wer sich anmeldet, darf ihn auf seinem alten Gutshof besuchen und wird es garantiert nicht bereuen.

▮ Von-Hahn-Allee 8
▮ 17194 Panschenhagen
▮ Tel. 03 99 26/32 75
▮ www.henschelkeramik.de

Müritzkeramik

Ute und Markus Böhm leben auf einem Gehöft am Ende der Welt und stellen ungewöhnliche Keramik her. Wer Spass daran hat, sollte einen Abstecher zum Ehepaar machen, bei ihnen wohnen und an einem Kurs teilnehmen.

▮ Alt Gaarz 6 | 17248 Lärz
▮ Tel. 03 98 33/222 19
▮ www.mueritzkeramik.de
▮ Im Sommer Di–So 10–13 und 14–18.30 Uhr

Bauterrakotta

Sie suchen extravagante Fliesen für ihr Eigenheim? Bei der Diplom-Designerin für Porzellan und Keramik Susanne König bekommen Sie garantiert ein Unikat.

▮ Große Burgstr. 24
▮ 19395 Plau am See
▮ Tel. 03 87 35/495 95
▮ www.bauterrakotta.de

Paradies für Kanuten – um die
Müritz locken 1000 Seen nach
Mecklenburg-Vorpommern

TOP-TOUREN MECKLENBURGISCHE SEENPLATTE

Schwerin und Westmecklenburg

Das Beste!

Schwerin ist die beste Adresse für Kunst und Kultur in Mecklenburg-Vorpommern. Und im leicht gewellten Terrain Westmeckenburgs mit eingestreuten Seen, gemütlichen Dörfern und verträumten Landstädtchen fühlt man sich gleich heimisch.

Von Schwerin geht ein ganz besonderer Zauber aus: Nicht weniger als sieben Seen umgeben die Wasserstadt, die sich in ihrer Mitte als idyllisch-vornehme Landeshauptstadt präsentiert.

Klassizistische Fassaden und Museen grüßen dort, wo die slawischen Vorfahren einst Hüttenpfähle in Sumpfwiesen trieben. Gegenüber vom prächtigen Neorenaissanceschloss zeigt das Staatliche Museum eine bemerkenswerte Sammlung flämischer und niederländischer Meister. Und Schwerin weiß auch, wie man sich in Szene setzt, sei es beim Drachenbootfestival auf dem Pfaffenteich oder den Schweriner Schlossfestspielen.

Die Eiszeit ist schuld daran, dass Westmecklenburg über weite Strecken anders aussieht, als man es gemeinhin vom nordöstlichen Bundesland erwartet: Immer wieder trifft man auf welliges Gelände, reich gegliedert in Felder, Wiesen und Wälder. Charakteristisch sind auch schmale Flüsschen und immer wieder »Sölle«, runde Tümpel, die auf das späte Abtauen von verschüttetem Eis zurückgehen.

Eine Attraktion der Region ist Ludwigslust, das knapp 100 Jahre Residenz der Herzöge von Schwerin war und nach wie vor mit einer ausgedehnten spätbarocken Schlossanlage prahlen kann.

Viel Natur umgibt verträumte Landstädtchen wie Lübz und Grabow oder Dömitz an der Elbe. Als ein verschwiegenes Kleinod erwachte der Schaalsee aus seinem Dornröschenschlaf. 40 Jahre Stillstand im deutsch-deutschen Grenzgebiet führten dazu, dass die Natur an den Ufern des Sees weitgehend sich selbst überlassen blieb. Mit dem als Biosphäre geschützten Reservat soll das auch zukünftig so bleiben.

Der Naturpark Sternberger Seenland lockt mit mehreren Dutzend kleiner und großer Wasserflächen auf engstem Raum. Und inmitten der stark aufgeworfenen Hügellandschaft verstecken sich herrschaftliche Gutshöfe und Schlösser.

Oben: Boote am idyllischen Schaalsee
Links: Flanieren im Schlossgarten Schwerin

Touren in der Region

Ins vergessene Hinterland
Tour 4

Tour-Übersicht:

Verlauf: Schwerin › Zarrentin › Dömitz › Ludwigslust › Schwerin

Dauer: 1–2 Tage; 200 km
Praktische Hinweise:

- Verglichen mit der Ostseeküste oder der Seenplatte ist das Hinterland der Landeshauptstadt bislang touristisch nur wenig erschlossen.
- Beste Zeit für Vogelbeobachtungen in den Naturparks sind die Monate September und Oktober.
- In der Orangerie von Schloss Ludwigslust – einem schönen Fachwerkgebäude – bietet eine Sanddornmanufaktur Leckeres aus den orangefarbenen Beeren.

Tour-Start:

In ***Schwerin › S. 44 gibt es mit Schloss, Schlossgarten, Orangerie, Altem Markt, Dom, Marktplatz und Schelfstadt eine Vielzahl von Sehenswürdigkeiten, für die man mindestens einen ganzen Tag einplanen sollte. Über das Landstädtchen **Gadebusch** › S. 54 erreicht man zunächst **Zarrentin** › S. 57 am Südwestufer des Schaalsees. Das ruhige Städtchen besitzt einige Fachwerkhäuser und Reste eines Zisterzienserklosters. Das **Biosphärenreservat Schaalsee** › S. 46 – im früheren deutsch-deutschen Niemandsland – empfängt Besucher mit einer stillen Landschaft mit Buchenwäldern und Mooren. Hier lassen sich Seeadler, Kormorane und Reiherenten beobachten. Nach Süden schließt sich die Flussauenlandschaft des **Naturparks Elbetal** › S. 61 an, wobei ein Stück auf der B 195 durch Niedersachsen gefahren werden kann. Wieder im Mecklenburgischen, wird in *Dömitz › S. 59 mit einer alten Festung Historisches geboten. Zudem kann man auf den Spuren von Fritz Reuter wandeln. Eine der größten Attraktionen der Rundfahrt ist das barocke Residenzschloss *Ludwigslust › S. 61 mit seinem weitläufigen Schlosspark. Hier sind einige exotische Bäume zu bewundern. Im Schloss und in der Kirche setzt vergoldetes Pappmaschee glänzende Akzente.

Hausboottour: Auf der Müritz-Elde-Wasserstraße
Tour 5

Tour-Übersicht:

Verlauf: Parchim › Neustadt-Glewe › Grabow › Dömitz und zurück

Dauer: 7 Tage; 140 km
Praktische Hinweise:

- In Parchim können Hausboote bei Kuhnle-Tours gechartert werden (Reservierung: Tel. 03 98 23/26 60, www.kuhnle-tours.de). Bis zur Elbe sind zwölf Schleusen zu passieren.

▌ Auf dem Rückweg ist ein Abstecher durch den 44 km langen Störkanal möglich, auf dem bis nach Schwerin geschippert werden kann. Wer noch mehr Zeit hat, kann die Tour auch in Plau am See beginnen.

Tour-Start:

Das »Blaue Band« zwischen Müritz und Elbe – die Müritz-Elde-Wasserstraße – ist ein bevorzugtes Revier von Hausboot-Kapitänen, denn Landgänge bieten interessante Ausflugsmöglichkeiten. **Parchim** › S. 64, mit Fachwerkbauten, gotischem Rathaus und St. Georgenkirche in der Altstadt, liegt auf der Europäischen Route der Backsteingotik.

Von dort aus schippert man die schmale Wasserstraße flussabwärts durch das Vogelschutzgebiet der Lewitz und die von Heidesand, Kiefern und Mooren geprägte Griese Gegend. Ein Landgang bietet sich in **Neustadt-Glewe** › S. 63 an, wo eine weitgehend erhaltene Wehrburg aus dem 14./15. Jh. besichtigt werden kann. Weitere Attraktionen sind ein rekonstruiertes Barockschloss und Fachwerkhäuser am Marktplatz. ***Grabow** › S. 61 fasziniert mit seiner geschlossenen Fachwerkbebauung. Auch an der beeindruckenden Elbe-Festung ***Dömitz** › S. 59, einer fünfeckigen Zitadelle aus dem 16. Jh. mit Bastionen und Kasematten, sollte man auf keinen Fall nur vorbeifahren.

Ahoi! – Freizeitkapitäne auf der Müritz-Elde-Wasserstraße

Unterwegs in der Region

***Schwerin** ❶

Mit nur 92 000 Einwohnern ist die frühere herzogliche Residenzstadt die kleinste deutsche Landeshauptstadt. Auch eine Besichtigung gestaltet sich einfach, da die wichtigsten Sehenswürdigkeiten vom Alten Garten aus bequem zu Fuß erreichbar sind.

1160 von Heinrich dem Löwen an der Stelle der zerstörten slawischen Burg Zuarin gegründet, stieg Schwerin Mitte des 14. Jhs. zur herzoglichen Residenzstadt auf. Unter den kunstsinnigen Herzögen erfuhr die Stadt in der Renaissance eine kulturelle Blüte. Heutzutage untermauert Schwerin mit renommierter Kunstgalerie, ambitioniertem Theater und kulturellen Events seine führende Rolle im Kulturbetrieb Mecklenburg-Vorpommerns.

*Schweriner Schloss Ⓐ

Wohin sonst könnte es die Besucher Schwerins zuerst ziehen, wenn nicht zum Schweriner Schloss? Auf 8000 Eichenpfählen soll es errichtet sein und 365 Türme und Türmchen besitzen. Wie auch immer, es steht traumhaft schön auf der Insel zwischen Burgsee und Schweriner See. Das französische Château Chambord bei Orléans stand Pate, als das mecklenburgische Ensemble 1843–1857 grundlegend umgebaut wurde. Einige ältere Gebäudeteile wie

Erst-
klassig

Ein Märchen aus jeder Pespektive – das Schweriner Schloss

das **Bischofshaus** und die **Kirche** aus dem 16. Jh. gingen in dem neuen Entwurf auf. Georg Adolf Demmler, Friedrich August Stüler und Gottfried Semper, die großen Baumeister ihrer Zeit, waren mit von der Partie, bevor die großherzogliche Familie 1857 mit großem Pomp ins neu hergerichtete Heim einziehen konnte.

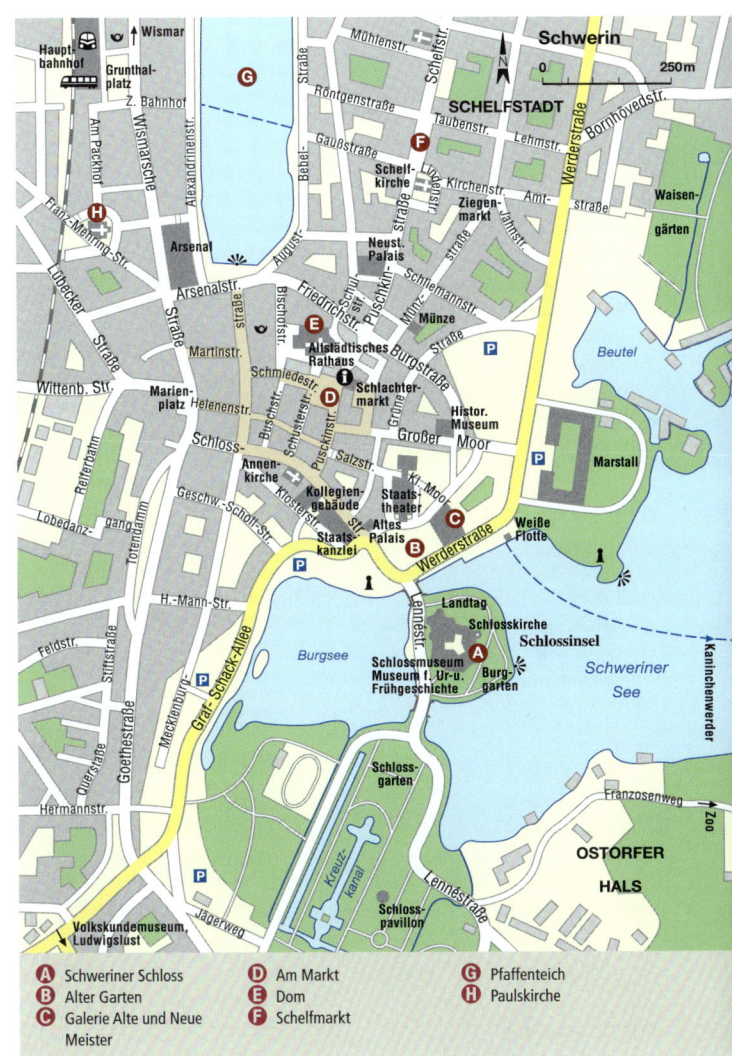

A Schweriner Schloss	**D** Am Markt	**G** Pfaffenteich
B Alter Garten	**E** Dom	**H** Paulskirche
C Galerie Alte und Neue Meister	**F** Schelfmarkt	

Einige der Räume, die die hohen Herrschaften bewohnten, präsentiert heute das **Schlossmuseum**. Besichtigt werden können in der Beletage die Silvestergalerie sowie das Speisezimmer mit den kostbaren Prunkvasen aus St. Petersburg und aus der Berliner »Königlich Preußischen Porzellanmanufaktur«. In den ehemaligen herzoglichen Kinderzimmern sind ebenfalls edle Stücke aus Meißener und Berliner Porzellan zu bewundern. Plüschige Pracht herrscht auch im Audienzzimmer, dessen Wände mit rotem Seidendamast bespannt sind. Nobel zeigen sich Repräsentationsräume wie Thronsaal, Adjutantenzimmer und Ahnengalerie: italienische Marmorsäulen mit verschnörkelten Kapitellen, zahlreiche Porträts, Intarsienfußböden aus Edelholzfurnieren und ein baldachinbekrönter Thronsessel, in dem es sich bei aller Bürde des Amtes bequem sitzen ließ (www.museum-schwerin.de, Mitte April–Mitte Okt. Di–So 10–18, sonst Di–So 10–17 Uhr).

Wasser, viel Grün und eine angebaute **Orangerie** mit schönem Café: Beim Flanieren durch den kleinen Burggarten lässt sich eine auf Harmonie und Architekturergänzung bedachte Landschaftsgestaltung bewundern. Desgleichen im barocken **Schlossgarten** mit dem Kreuzkanal und den Arkaden, Kopien der Sandsteinskulpturen von Balthasar Permoser und einem **Gartenpavillon** von 1818, in dem man heute ganz nach Gusto zwischen Mecklenburger Rippenbraten und Kuchenbüfett wählen kann.

Technisch Interessierte sollten die **Schleifmühle** besuchen, eine um 1700 erbaute Fachwerk-Wassermühle, in der Steine zersägt und geschliffen wurden, z. B. die steinerne Wandverkleidung für den Thronsaal des Schlosses (Schleif-

---

 Erstklassig

Die prächtigsten Schlösser

▪ Als Märchenschloss par excellence präsentiert sich das **Schweriner Schloss** mit prunkvoll ausgestatteten Räumlichkeiten › S. 44.

▪ **Schloss Wiligrad**, 1898 im Stil der Neorenaissance erbaut, ist eines der jüngsten Schlösser Mecklenburgs. Das Haupthaus ist weiß, mit roten Verzierungen und schwarzem Dach, der Seitenflügel leuchtet backsteinrot › S. 52.

▪ In **Schloss Ludwigslust** richteten sich die Herzöge von Mecklenburg fürstlich ein. Das feudale Barockschloss ist von einem weitläufigen Park umgeben › S. 61.

▪ Die vierflügelige Anlage von **Schloss Güstrow** erinnert an französische und italienische Schlösser. Im größten Renaissanceschloss Norddeutschlands residierte ab 1628 Albrecht von Wallenstein › S. 72.

▪ **Schloss Basedow** glänzt neben seiner verspielten Architektur auch durch den Landschaftsgarten von Peter Joseph Lenné › S. 83.

▪ **Schloss Hohenzieritz** wurde im Stil des Frühklassizismus errichtet, später aber umgebaut. Weithin bekannt wurde das Schloss durch Preußens Königin Luise, die hier 1810 unerwartet verstarb › S. 133.

Das pralle Leben zeigt Rubens in »Lot und seine Töchter«

mühlenweg 1, www.schleifmuehle-schwerin.de, Ostern–Okt. tgl. 10–17 Uhr).

Alter Garten

Der **Alte Garten** ist wohl einer der schönsten Plätze Deutschlands – flankiert von Schloss, Wasser, sich putzenden Schwänen und Ausflugsdampfern. Wer sich in seine Mitte stellt und einmal um die eigene Achse dreht, erfährt weshalb. Angelegt wurde das 20 000 m² große Areal vermutlich schon im 10. Jh., also lange vor der Stadtgründung Schwerins. Bis ins 17. Jh. war der Alte Garten dicht bebaut mit einer Vielzahl von Gebäuden – Wohnhäusern, Handwerkerbetrieben und Reitställen. Seine jetzige repräsentative Form erhielt er um 1830. Heute lädt an der Ostseite eine monumentale Freitreppe zum Besuch in die **Galerie Alte und Neue Meister** ein, das historische Haupthaus des Staatlichen Museums Schwerin.

Der spätklassizistische Bau nahm 1882 die stattliche Sammlung der Großherzöge auf, mit Werken von Rembrandt, Rubens, Frans Hals, Carel Fabritius und Jean Baptiste Oudry. Die bedeutendste Kunstsammlung Mecklenburgs umfasst 3000 Gemälde, darunter Werke des 20. Jh., wie der Klassischen Moderne und des Sozialistischen Realismus sowie die bedeutende Sammlung Marcel Duchamp, aber auch zeitgenössische Kunst, mehr als 50 000 Grafiken, rund 8000 Zeichnungen, dazu 32 000 Münzen, wertvolle Goldschmiedearbeiten und Porzellan (www.museum-schwerin.de, Mitte April–Mitte Okt. Di/Mi, Fr–So 10–18, Do 12–20, sonst Di/Mi, Fr–So 10–17, Do 13–20 Uhr).

Gleich neben dem Museum steht das **Mecklenburgische Staatstheater,** ein architektonischer Zwitter aus Neorenaissance und Neobarock. Umso überraschender ist der Zuschauersaal, schieres Rokoko. Das

Erst-! klassig

Repertoire des Staatstheaters reicht vom klassischen bürgerlichen Trauerspiel bis hin zu Musical und modernen Stücken. Der Alte Garten dient bei den Schlossfestspielen, die alljährlich im Sommer stattfinden, als Opernbühne. Der Pflege des Plattdeutschen hat sich die angeschlossene *Fritz-Reuter-Bühne* verschrieben, die hauptsächlich das E-Werk bespielt (Spieltordamm 1, Tel. 03 85/530 01 23, www.theater-schwerin.de).

Am Markt

Vorbei am schlichten **Alten Palais** und an der **Staatskanzlei,** an deren Fassade antike Gottheiten über den Ministerpräsidenten wachen, erreicht man den Markt und damit den hübschen Kern der Altstadt. Das Glockenspiel mit dem Volkslied »Von Herrn Pastor sien Kau« ertönt Schlag 12 Uhr. Die freche Melodie klingt vom **Altstädtischen Rathaus,** von Georg Adolph Demmler 1835 mit einer Fassade im Tudorstil verblendet. Im Inneren befindet sich die Touristen-Information. Auf dem Zinnenkranz thront hoch zu Ross ein vergoldeter Heinrich der Löwe.

Klassizistische Säulen schmücken eine ehemalige **Markthalle,** die 1783 bis 1785 nach Plänen von Johann Joachim Busch errichtet wurde. Hier genießt man im **Café Röntgen** süße Leckereien. Es besteht kein Anlass zur Panik, wenn einem hier Menschen in Musketierkostüm begegnen: Sie symbolisieren den Schlossgeist *Petermännchen* und laden zur Stadtbesichtigung ein

(April–Okt. tgl. 11 Uhr). Zuvor empfiehlt sich ein Blick hinter das Rathaus auf den **Schlachtermarkt,** wo auch heute noch gelegentlich reges Marktleben herrscht.

*Dom

Nahe beim Markt ragt der Dom in den Himmel, das einzige erhaltene mittelalterliche Bauwerk in Schwerin. Die hochgotische Backsteinbasilika, 1280 bis 1460 nach französischem Vorbild erbaut, bekam ihren schlanken neogotischen Turm von 117,5 m Höhe erst Ende des 19. Jhs. Eine vage Vorstellung vom früheren Reichtum des Bischofsitzes geben kostbare mittelalterliche Kunstwerke im Innern: der spätgotische Flügelaltar von 1440, ein bronzener Taufstein und Grabmäler. Die Ladegast-Orgel mit fast 6000 Pfeifen ist die größte Orgel in Mecklenburg-Vorpommern (Mo–Sa 10–17, So 12–17 Uhr, zu diesen Zeiten kann auch der Turm bestiegen werden).

Erst-klassig

Schelfmarkt

Vom Dom aus ist es nicht mehr weit zur **Schelfstadt,** was so viel wie »Siedlung auf einer flachen, morastigen Insel« bedeutet. Ab 1705 wurde sie nördlich der Altstadt angelegt und erst 1832 mit Schwerin vereinigt. Man erreicht sie über die Puschkinstraße, die am Schelfmarkt endet. Beim Anblick der Schelfstadt geraten viele ins Schwärmen. Restauratoren und Handwerker haben dem Ensemble alter Fachwerkhäuser neuen Glanz verliehen. Das **Neustädtische Rathaus** an der Westseite des Schelfmarktes war einst der

Der Alte Markt ist der gesellige Mittelpunkt des Schweriner Stadtlebens

Amtssitz des eigenen Bürgermeisters. Die Platzmitte beherrscht die Barockkirche **St. Nikolai,** auch Schelfkirche genannt, eine Kombination aus Back- und Sandstein mit reich verzierten Portalen, in deren Gruft Mitglieder der herzoglichen Familie beigesetzt sind.

Entlang der urigen kopfsteingepflasterten Münzstraße, zwischen Burgstraße und Ziegenmarkt, verlocken eine Reihe origineller kleiner Geschäfte zum Shoppen.

Pfaffenteich ❻

Was für Hamburg die Binnenalster, ist für Schwerin der **Pfaffenteich.** Die Häuser hier gehen auf Georg Adolph Demmler und damit auf das 19. Jh. zurück: Spätklassizismus, Tudorgotik und in Sonnenlicht getauchte Bänke zu beiden Seiten. Der Hofbaumeister errichtete sowohl sein Wohnhaus (Ecke Arsenal-/Mecklenburgstraße) als auch das Kommandantenhaus (Ecke August-Bebel-/Friedrichstraße) und das alles dominierende Arsenal, einst Waffenlager und Kaserne, heute Sitz des Landesinnenministeriums.

Paulskirche ❼

Mit dem »Pfaffenteichkreuzer« kann man vom Ost- ans Westufer wechseln, um die neogotische Paulskirche zu besichtigen. Das Gestühl im Inneren ist zwar ebenso prachtvoll wie Chor und Altar, aber für die Dauer eines Konzerts etwas unbequem (Besichtigung während Konzerten oder auf Anfrage, Tel. 03 85/71 06 09).

Museen

Schwerin hält außerdem noch einige Überraschungen parat. Interessant für Jung und Alt ist die **Sternwarte**, die einen Blick in den funkelnden Sternenhimmel gewährt (Weinbergstr. 17, Tel. 03 85/51 28 44, www.astronomischerverein-schwerin.de, Vorführungen Mi, So 14.30, April–Sept. Fr 20, sonst 19 Uhr).

Der vierflügelige **Marstall** beherbergt neben den Ministerien für Kultur und Soziales auch das **Technische Museum.** Hier kann man über Computertechnik der DDR und historische Fernsehgeräte staunen (Werderstraße 124, www.tlm-mv.de, Juni–Aug. Di–So 10–18, sonst 10–17 Uhr).

Leider nur einmal im Monat ist das Mecklenburgische **Eisenbahn- und Technikmuseum** geöffnet, weil die Mitarbeiter ehrenamtlich tätig sind. Wer zur passenden Zeit in Schwerin ist, kann in dem Museum am Hauptbahnhof historische Lokomotiven und andere Ausstellungsstücke, die das Herz jedes Eisenbahnfans höher schlagen lassen, bewundern und anfassen (Zum Bahnhof 13, Öffnungszeiten unter www.mef-schwerin.de).

Es nennt sich zwar **Flippermuseum,** museal aber geht es hier gar nicht zu, denn die Besucher können nach Herzenslust an den Geräten spielen. Über 80 blinkende und lärmende Flipperautomaten aus acht Jahrzehnten hat ein Verein zusammengetragen und wieder zum Leben erweckt. Wer schon immer alles über Flipper wissen wollte und einige seltene Exemplare begutachten und bespielen möchte, ist hier genau richtig (Friesenstr. 29, Fr 20 bis 23, Sa/So 14–18 Uhr, www.flipper museum-schwerin.de).

Info

Schwerin-Information
Infomaterial über Unterkünfte, Veranstaltungskalender und Gastronomie.
Tgl. um 11 Uhr starten hier Stadtrundgänge; Nachtwächter-Rundgänge Mai–Sept. Fr/Sa 20.30, Okt.–April Fr 18 Uhr.
▌ Am Markt 14 | 19055 Schwerin
▌ Tel. 03 85/592 52 14
▌ www.schwerin.com

Hotels

Speicher am Ziegelsee ●●●
Privat geführtes 4-Sterne-Hotel in einem aus Backstein erreichteten historischen Getreidespeicher mit eigenem Bootsanleger und freundlich eingerichteten Zimmern.
▌ Speicherstr. 11
▌ Tel. 03 85/500 30
▌ www.speicher-hotel.com

Hotel Arte ●●
Hotel in einem rekonstruierten Bauernhaus von 1887 mit individuell eingerichteten Zimmern und gehobener Regionalküche. 10 Autominuten vom Alten Garten entfernt.
▌ Dorfstr. 6 | Schwerin-Krebsförden
▌ Tel. 03 85/63450
▌ www.hotel-arte.de

Ministerien und Museum im alten Marstall

Hotel Zur guten Quelle ●●

Fachwerkhaus in der Altstadt mit 6 Zimmern, gut geeignet für einen Kurzurlaub; mecklenburgische Spezialitäten im Restaurant.

- Schusterstr. 12
- Tel. 03 85/56 59 85
- www.zur-guten-quelle.m-vp.de

Haus am Pfaffenteich ●●

Einfaches, sehr angenehmes Haus in der Schelfstadt, zweckmäßig eingerichtete Zimmer, teils mit Blick auf den Pfaffenteich, teilweise mit Balkon.

- Gaußstr. 19
- Tel. 03 85/52 19 50
- www.haus-am-pfaffenteich.m-vp.de

Camping

Ferienpark Seehof

Der große Campingplatz am Westufer des Schweriner Sees wurde mehrfach als einer der besten Deutschlands prämiert. Segelschule, Bootsverleih, Shuttle-Boot-Service nach Schwerin.

- Seehof
- Tel. 03 85/51 25 40
- www.ferienparkseehof.de

Restaurants

Classic Café Röntgen ●

Kaffeehaus hinter klassizistischen Säulen zum Sehen und Gesehenwerden.

- Am Markt 1
- Tel. 03 85/521 37 40
- www.classic-cafe-schwerin.de

Restaurant Lukas ●●

Traditionelles Fischrestaurant; im Sommer kann man auf der schönen Terrasse speisen. Empfehlenswert: Die Fischplatte »Lukas« mit Filets von Lachs, Zander und Rotbarsch.

- Großer Moor 5
- Tel. 03 85/56 59 35
- www.restaurant-lukas.de

Restaurant und Café Herzogliche Dampfwäscherei ●●

Einst die Wäscherei der Herzöge, heute werden im historischen Haus und auf der Terrasse Köstlichkeiten serviert.

- Großer Moor 56
- Tel. 03 85/56 29 56
- www.herzogliche-dampfwaescherei.de

Alt Schweriner Schankstuben ●●– ●●●

In dem gemütlichen Lokal kommt vorwiegend Gegrilltes auf den Tisch. Im Whiskykeller lagern mehr als 200 edle Tropfen. Erlesen kommt auch das Whisky-Degustationsmenü daher.

- Schlachtermarkt 9-13
- Tel. 03 85/592 53 13
- www.schankstuben.de

Restaurant aurum ●●●

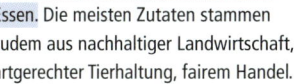Im Hotel Speicher am Ziegelsee serviert das Gourmetrestaurant vorzügliches Essen. Die meisten Zutaten stammen zudem aus nachhaltiger Landwirtschaft, artgerechter Tierhaltung, fairem Handel.

- Speicherstr. 11
- Tel. 03 85/500 31 12
- www.speicher-hotel.de

Ars Vivendi ●–●●

Der Pavillon im Schlosspark ist eine der besten Adressen für Kaffeeklatsch. Sonntags auch Mittagstisch.

- Lennéstr. 2a
- Tel. 03 85/525 29 15
- www.ars-vivendi-schwerin.de
- Im Sommer tgl. ab 14 Uhr

Café Gundels Garten ●
Etwas versteckt am Ende des Zippendorfer Strandes gibt es außer leckerem selbstgemachtem Kuchen einen hübschen Garten mit schönem Seeblick.

▮ Am Strand 31 | Zippendorf
▮ Tel. 03 85/201 35 71

Ausflug von Schwerin
Um den Schweriner See

Drispeth ist ein winziges Dorf, nur wenige Kilometer vom Nordwestufer des Schweriner Sees entfernt. Hier haben sich Beate Schöttke-Penke und ihr Mann mit dem **Café Sonntagsgrün** einen Lebenstraum erfüllt. In ihrem 5000 m² großen Garten mit Naturteich und liebevoll angelegten Staudenbeeten kann man sich unter schattigen Bäumen mit Kaffee und selbstgebackenem Kuchen verwöhnen lassen (Alte Dorfstr. 5, 19069 Drispeth, Tel. 038 67/65 08, www.sonntagsgruen.de, Mai–Sept. Sonntag ab 14 Uhr geöffnet, Gartenführungen nach Voranmeldung So 13 Uhr).

In der Hauptsaison starten am Alten Garten Ausflugsschiffe zu Rundfahrten über den Schweriner See, der mit 64 km² das zweitgrößte Gewässer des Bundeslandes ist (www.weisseflotteschwerin.de). Wer will, kann am Südufer in **Zippendorf** an Land gehen. Schon im 19. Jh. als ruhiges Ausflugsziel geschätzt, ist heute vor allem der breite Sandstrand als Action- und Partymeile beliebt. Am Strand gegenüber der Insel **Kaninchenwerder**, die ebenfalls per Ausflugsschiff zu erreichen ist, steht die Naturschutz-

station Zippendorf, die mit Ausstellungen, Familienprogrammen und zahlreichen Aktivitäten informiert und unterhält (Am Strand 9, www.naturschutzstation-schwerin.de).

Westlich des Sees thront in einem Waldgebiet über dem Hochufer ***Schloss Wiligrad**, eines der jüngsten Schlösser Mecklenburgs. 1898 für Herzog Johann Albrecht zu Mecklenburg im Stil der Neorenaissance gebaut, blieb es bis 1945 in herzoglichem Besitz. Bemerkenswert ist der Kontrast zwischen dem weiß verputzten Hauptgebäude, mit roten Verzierungen und schwarzem Dach, und dem backsteinroten Seitenflügel. Die Farbkombination rot, weiß, schwarz wurde in Anlehnung an das 1871 gegründete Deutsche Kaiserreich gewählt. Der Kunstverein Wiligrad lädt regelmäßig zu Ausstellungen und Konzerten ins Schloss (www.kunstverein-wiligrad.de).

In der **Schlossgärtnerei Wiligrad** sitzt es sich gut unter Schatten spendenden Bäumen oder bei schlechtem Wetter in einem der Gewächshäuser. Es gibt Kaffee, Tee, Eis und hausgemachten Kuchen. Im Hofladen stehen regionale Produkte zum Verkauf, sehr lecker, das im Steinofen gebackene Brot. Außerdem gibt es eine Verkaufsausstellung von künstlerischer Gebrauchskeramik (Wiligrader Str. 6, Tel. 038 67/61 27 03, www.schlossgaertnerei-wiligrad.de, März–Okt. tgl. 10–18, sonst Sa/So 10–18 Uhr).

Am nördlichen Stadtrand von Schwerin wird auf dem **Hof Medewege** seit gut 20 Jahren nach Bio-

Von wegen ländliche Idylle – Bauernalltag im Freilichtmuseum Schwerin-Mueß

richtlinien produziert. Im Hofcafé gibt es Kaffee und Kuchen, einen Mittagstisch und für zwischendurch kleine Gerichte. Im Hofladen werden Brot aus der eigenen Bäckerei und andere Bioprodukte verkauft. In der Kunstschmiede gibt es ein Atelier für Bildhauerei sowie Filz- und Holzwerkstatt (Hauptstr. 10a, 19055 Schwerin, Tel. 03 85/ 550 91 54, www.hof-medewege.de, Di–Sa 12–18, So 10–18, Mittagstisch tgl. 12–14 Uhr).

Das **Freilichtmuseum Schwerin-Mueß** am Südufer des Schweriner Sees gewährt Einblicke ins Landleben vom 18. bis 20. Jh. Zur Anlage gehören ein niederdeutsches Hallenhaus, ein Hirtenkaten, eine Schmiede, alte Bauernhäuser, Bienenkörbe und Ausstellungen zur Binnenfischerei und Flachsverarbeitung (Alte Crivitzer Landstr. 13, Tel. 03 85/208 41 29, April–Sept. Di–So 10–18, Okt. bis 17 Uhr).

Einen sehr schönen Blick auf den See bietet die Wiese hinter der **Reppiner Burg**, einer künstlichen Burgruine von 1907; der Badestrand am Südufer ist einer der beliebtesten und schönsten am ganzen Schweriner See.

Am nahen, 22 km langen **Störkanal**, der den Schweriner See mit dem Müritz-Elde-Wasserweg verbindet erinnert das Mahnmal »Die Mutter« (1973) des Bildhauers Gerhard Thieme (*1928) an den Todesmarsch, auf den Tausende von KZ-Häftlingen aus Sachsenhausen im Mai 1945 geschickt wurden.

Vom Schweriner Stadtzentrum sind es rund 15 km nach Gneven, erst um die südliche Seespitze herum und dann noch ein paar Kilometer ins Landesinnere. Hier steht der **Schulzenhof**. An Sommerwochenenden kann man gemütlich im großen Garten sitzen und sich ein Stück von der »Tratschtante« oder von »Schwiegermutters Traum« schmecken lassen – so heißen die Torten im **Sommer-Galerie-Café**. Im Garten wartet Freiluftkunst, es gibt ein Sommeratelier und eine kleine Galerie. (Am Hang 10, 19065 Gneven, Tel. 038 60/561 99 11, www. schulzenhof.de, März–Sept. Sa/So 14–18 Uhr).

Gadebusch 2

Gadebusch (5500 Einw.) liegt an einer Gabelung der alten Salzstraßen von Lüneburg nach Wismar und Lübeck, die heute eher als B 104 und B 208 bekannt sind. Rathaus, Kirche und Schloss gehören zu einer Altstadt, in der Backsteinrot domi-

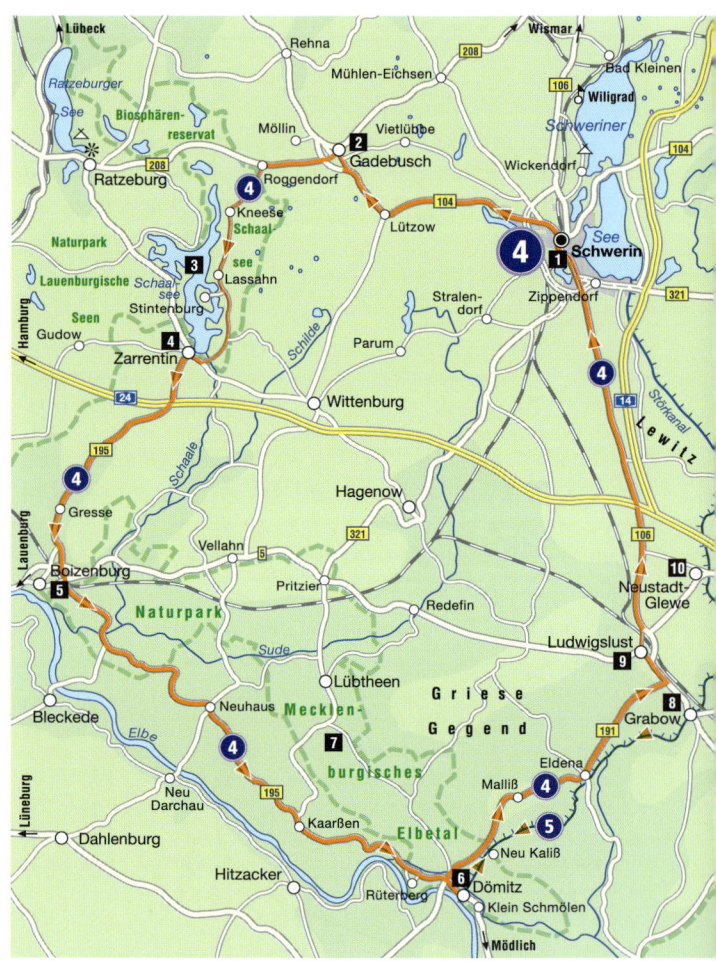

niert. Das **Rathaus** von 1340 steht an einem der sehenswertesten Marktplätze der Region. Von der um 1220 erbauten romanischen Kirche **St. Jakob und St. Dionysius** heißt es, sie sei die älteste erhaltene Hallenkirche Mecklenburgs. Kunstkennern gilt ihr Südportal als Bravourstück mittelalterlicher Steinmetze.

Das **Renaissanceschloss** der mecklenburgischen Herzöge ist für all jene, die sich für den seltenen Johann-Albrecht-Stil interessieren, ein Muss: Kunstvolle Terrakotten aus dem späten 16. Jh. schmücken die Fassade. In den ehemaligen Wirtschaftsgebäuden unterhalb des Schlosses präsentiert die **Museumsanlage Gadebusch** ihre Ausstellung zur Geschichte der Stadt und der Umgebung (Tel. 038 86/21 11 60, Ostern–Okt. Di–Fr 10–17, Sa/So 14 bis 17 Uhr).

Info

Bürgerbüro Gadebusch
▌ Am Markt 1 | 19205 Gadebusch
▌ Tel. 038 86/212 10
▌ www.gadebusch.de

Hotels

Hotel Christinenhof ●●
18 hell, modern in Pastelltönen möblierte Zimmer; im Restaurant gibt's deftige mecklenburgische Gerichte.
▌ Güstow 3 b
▌ Tel. 038 86/34 32
▌ www.christinenhof-gadebusch.de

Touren in der Region

Tour ❹
Ins vergessene Hinterland
Schwerin › Zarrentin › Dömitz › Ludwigslust › Schwerin

Tour ❺
Hausboottour auf der Müritz-Elde-Wasserstraße
Parchim › Neustadt Glewe › Grabow › Dömitz und zurück

Kastanienhof ●●

Der Kastanienhof liegt in Solitärlage rund 15 km nordwestlich von Gadebusch. Dirk Endrulat und Hans-Joachim Kahl haben das alte Backsteinhaus auf Vordermann gebracht, bauen ihr eigenes Obst und Gemüse an und bekochen die Gäste mit Leidenschaft. Wer stressfreien Urlaub bei netten Gastgebern inmitten von Feldern, Wiesen und Wäldern machen möchte, wird den Kastanienhof lieben.

▌ Krimm 11
▌ 19217 Königsfeld, OT Bülow
▌ Tel. 03 88 72/522 52
▌ www.derkastanienhof.com

Ausflüge von Gadebusch

Möllin

Das **Rauchhaus Möllin**, 2 km nordwestlich von Gadebusch, ist ein reetgedecktes Hallenhaus von 1780 mit Durchfahrt, Wohnstuben und Speicher. Es wurde zum Museum umgebaut und lässt erahnen, wie es früher bei Großbauer Busekow zuging. Heute wird hier ab Haus verkauft, was der Räucherboden hergibt. Dass Rauchhäuser ohne Schornstein auskommen, weil die Schwaden des offenen Feuers durch Reetdach und Mauerritzen entweichen, dabei aber Getreide trocknen, Ungeziefer vernichten sowie Wurst und anderes räuchern, lässt sich nach der Besichtigung an der Kleidung erschnuppern (Möllin 12, 19205 Möllin, Tel. 038 86/71 11 96, www.rauchhaus-moellin.de, Di–So 11–21 Uhr).

Rögnitz

Im ehemaligen **Gutshaus von Rögnitz** haben zwei Filmkünstler, ein Produzent und eine Theatermalerin einen spannenden Mix aus Kunst und Käse geschaffen: In der Kulturscheune (Mai–Sept. Sa/So) gibt es ein Sammelsurium von Kunst und Nützlichem, unter anderem Filmrequisiten. Im Hofladen werden 20 Sorten von exzellentem, selbst produziertem Ziegenkäse und manch andere Spezialität verkauft (April–Okt. tgl. 10–18 Uhr). Auch eine Ferienwohnung und ein Holzhäuschen kann man mieten. Zudem gibt es immer mal wieder Veranstaltungen wie Bauernmarkt, Käseseminar und Kinderfest (Hauptstr. 18, 19205 Rögnitz, Tel. 038 853/335 33, www.kunstundkaese.de).

Vietlübbe

7 km östlich von Gadebusch liegt Vietlübbe, das Dorf lohnt wegen seiner spätromanischen Kirche einen Ausflug. Um 1225 wurde sie errichtet; der hölzerne Turm ist eine Beigabe aus späterer Zeit. Für den Bau verantwortlich zeichnen die Meister der Ratzeburger Dombauhütte, daher wird die Dorfkirche auch die kleine Schwester des Ratzeburger Doms genannt.

*Naturpark Schaalsee ▪3

Kleine Seen, Kesselmoore und Feuchtbiotope liegen als breiter Gürtel um den insel- und buchtenreichen, bis zu 72 m tiefen Schaal-

Majestätisch – Zug der Kranich über dem Schaalsee

see, durch den die Landesgrenze zwischen Mecklenburg-Vorpommern und Schleswig-Holstein verläuft. Das westmecklenburgische Wasserparadies ist seit 1990 Biosphärenreservat der UNESCO. Im Frühsommer leuchten hier zwischen grünen Alleebäumen hügelige gelbe Rapsfelder. Verschlafene Dörfer wie Kneese und Lassahn waren jahrzehntelang im Schatten der Grenze von einer normalen Entwicklung abgeschnitten.

Das Land lässt sich am besten zu Fuß oder mit dem Rad auf Nebenstraßen und Feldwegen erkunden, weil man sonst die wahren Sehenswürdigkeiten verpasst: Wollgras, Sumpfdotterblume, Orchidee und Sonnentau, Kormoran, Weißstorch, Kranich und Graugans. Spannend für Kinder wie Erwachsene sind der Steinerlebnispfad und der Moorpfad. Ein Besuch im **Pahlhuus**, dem

Informationszentrum des Biosphärenreservats Schaalsee, verschafft einen Überblick über Fauna und Flora dieser Region (Wittenburger Chaussee 13, 19246 Zarrentin, www.schaalsee.de, März–Okt. Di–So 9–17, sonst Sa/So 10–16 Uhr).

Zarrentin 4

Am hohen Südwestufer des Schaalsees döst das Städtchen (4800 Einw.) vor sich hin: schlichte Fachwerkhäuser, einige Bootshäuser, ein Bootsverleih, eine Badeanstalt und ein Fischer, der Frischfisch und Räucherware verkauft. Nach dem Dornröschenschlaf im einstigen Sperrgebiet entwickelte sich Zarrentin zum Tourismuszentrum der Schaalsee-Region. Den Reiz des stillen Provinzstädtchens macht vor allem seine Lage am tiefsten See Mecklenburgs aus. Immerhin gibt es Reste eines **Zisterzienserklosters,** das von 1250 bis 1550 existiert hat: neben dem Ostflügel der Klausur die Klosterkirche von 1460. Die Kanzel aus dem 16. Jh. schmückte bis ins Jahr 1691 die Marienkirche in Lübeck (www.kloster-zarrentin. de, März–Nov. Di/Mi, Fr 14–17, Sa/So 13–17, Dez.–Febr. Di/Mi, Fr 14–17, Sa/So 10–12 Uhr)

Info

Amt Zarrentin
▪ Kirchplatz 8 | 19246 Zarrentin
▪ Tel. 03 88 51/83 80
▪ www.amt-zarrentin.de

Ferienwohnungen

Schoppenhof ●–●●
Zehn gut ausgestattete Ferienwohnungen für 2-8 Pers. auf einem restaurierten Gutshof am See mit allem, was Kinder erfreut: Spielplatz, Koppel mit Ziegen, Schafen und anderen Tieren, Ponyreiten, Segel- und Ruderboot und Kanu.
▪ Schaalseeufer 1 | 23883 Dargow
▪ Tel. 045 45/13 77
▪ www.schaalseeferien.de

Ausflug nach Stintenburg

Von Lassahn am Ostufer des Schaalsees führt der Kopfsteinpflasterweg zur malerischen Halbinsel Kampenwerder über die Insel **Stintenburg**. Der Besuch lohnt sich schon allein wegen des schmackhaften Angebots des Restaurants im Brückenhaus, einem alten Fachwerkhaus direkt am Wasser des Schaalsees (www. brueckenhausamschaalsee.de).

*Boizenburg 5

Die Stadt (10 200 Einw.) an der Mündung der Boize in die Elbe wurde Ende des 12. Jhs. gegründet. An die ursprüngliche slawische Wallburg, die hier einst stand und der die Stadt ihren Namen verdankt, erinnern die begrünten, baumbestandenen Wallanlangen rund um das Zentrum. Die Altstadt begeistert mit Fachwerkbauten, die meistens Anfang des 18. Jhs. erbaut wurden, wie das in der Mitte des Marktplatzes frei stehende **Rathaus** von 1711. Die Stadt ist stolz auf das **Deutsche Fliesenmuseum,** das vor allem frühindustriell gefertige Fliesen des Historismus, Jugendstil und Art déco sammelt (Reichenstr. 4, Tel. 03 88 47/538 81, www. jugend stilfliesen-museum.de, Di–Fr 10–16, Sa/So 14–16 Uhr). Außerhalb von Boizenburg erinnert das **Elbbergmuseum** an das Außenlager des KZ Neuengamme und an die innerdeutsche Grenze (Am Elbberg, Mai–Sept. Sa/So 14–17 Uhr).

Boizenburg lohnt aber nicht nur wegen seiner Fachwerkbauten und Museen einen Besuch, die Stadt ist ein hervoragender Ausgangspunkt für Ausflüge in den **Naturpark Mecklenburgisches Elbetal** › S. 61 mit seinen zahlreichen Wandermöglichkeiten und dem bei Fahrradfahrern sehr beliebten Elberadweg.

Erfrischung verspricht an heißen Tagen das **Naturerlebnisbad,** das sich mit einem speziellen Teich für Kleinkinder auch als ausgesprochen familienfreundlich erweist (Mai–Sept. tgl. 10–20 Uhr).

Der Stolz von Boizenburg – das wunderbare Rathaus auf dem Marktplatz

Info

Stadtinformation
- Markt 1 | 19258 Boizenburg
- Tel. 03 88 47/555 19
- www.boizenburg.de

Hotels

Waldhotel Boizenburg ●●
2-Sterne-Hotel in einer ehemaligen NVA-Kaserne, etwas außerhalb gelegen, dafür umso ruhiger.
- Waldweg 1
- Tel. 03 88 47/507 09
- www.waldhotel-boizenburg.de

Jagdschlösschen Boizenburg ●●
Stilvoll restauriertes Jagdschlösschen in einem Park, mit gutem Restaurant und Sonnenterrasse. Für Entspannung sorgt das Wellnessangebot mit Thaimassage.
- Boizestr. 14 | 19258 Schwartow
- Tel. 03 88 47/29 99 50
- www.jagdschloesschen-boizenburg.de

Café

Christels Kaffeestübchen ●
Christels Café in Boizenburg wird von der Konditorei Melms im nahen Banzin, die für ihre Hochzeits- und Jubiläumstorten weithin gerühmt wird, beliefert. Die Tochter des Hauses führt das rustikal-gemütliche Café samt Weinstube.
- Königstr. 7
- Tel. 03 88 47/558 56
- www.konditorei-melms.de
- Mo. geschl.

*Dömitz 6

Der beschauliche Ort (3000 Einw.) war bis zur Wende durch meterhohe Grenzzäune von seiner Lebensader, der Elbe, abgeschnitten. Über den Fluss wacht heute wieder unangefochten die **Festung Dömitz,** eine fünfeckige Zitadelle aus dem 16. Jh. mit Bastionen und Kasematten. Das hiesige Museum dokumentiert die

Erst-klassig

Geschichte der Elbschifffahrt, der Stadt und der Festung. Knapp 100 Jahre diente sie als Zuchthaus. Dem prominentesten Gefangenen Fritz Reuter (»Ut mine Festungstid«) ist eine Gedenkstätte gewidmet. Das Zeughaus beherbergt das Informationszentrum des Biosphärenreservats Flusslandschaft Elbe › **S. 61** (Tel. 03 87 58/224 01, www.festung-doemitz.de, Mai–Sept. Di–Fr 9–17, Sa/So 10–18, Okt.–April Di–So 10 bis 16.30 Uhr).

Aber auch die kleine Altstadt hat ihre Reize, denn um **Johanneskirche** und Rathaus prägen viele hübsche Fachwerkhäuser das Elbstädtchen.

Info

Dömitz-Information
- Rathausplatz 1 | 19303 Dömitz
- Tel. 03 87 58/221 12
- www.doemitz.de

Hotel

Alter Hof am Elbdeich ●●—●●●
Südöstlich von Dömitz direkt am Elbdeich ist in einem denkmalgeschützten Hof von 1823 ein wunderschönes Landhotel mit 6 geräumigen Zimmern sowie mehreren Ferienwohnungen entstanden. Das Restaurant mit regionaler Küche und Bioprodukten ist in der alten Scheune untergebracht. Biosauna, ayurvedische Sauna und Massagen gehören ebenfalls zum Hotelangebot.
- Am Elbdeich 25 | 19309 Unbesandten
- Tel. 03 87 58/357 80
- www.alter-hof-am-elbdeich.de

Restaurant

Zur Torbrücke ●●
Das Restaurant serviert ausgezeichnete Fischgerichte, Kuchen und Eis.
- Schweriner Str. 9
- Tel. 03 87 58/247 00
- Mo. geschl.

Deichpflege – Schafherde im Naturpark Mecklenburgisches Elbetal

**Naturpark Mecklenburgisches Elbetal 7

Das Schutzgebiet **Naturpark Mecklenburgisches Elbetal** ist Teil des UNESCO-Biosphärenreservats Flusslandschaft Elbe, das sich auf einer Länge von 65 km zwischen Boizenburg und Dömitz erstreckt.

Erst-klassig Auwiesen und Altarme der Elbe prägen die friedliche Flusslandschaft. Im ehemals deutsch-deutschen Grenzstreifen blieb die Natur unberührt, seltene Tierarten überlebten. Von Klein Schmölen-Polz aus führt der 1,6 km lange Dünenlehrpfad auf die bis zu 33 m hohen Binnenland-Wanderdünen, die mit herrlicher Aussicht verzaubern, und zurück (Infozentrum Zeughaus, Festung Dömitz › S. 60, www.elbe tal-mv.de).

*Grabow 8

Die bunte Stadt (6000 Einw.) im Landkreis Ludwigslust ist für ihre Fachwerkarchitektur aus dem frühen 18. Jh. bekannt. Viele Häuser verfügen über hübsch geschnitzte Holztüren, Balkeninschriften und Lastenaufzüge. Besonders sehenswert ist der von einem Fachwerkensemble gerahmte **Marktplatz,** darunter das zweigeschossige barocke **Rathaus** und die **Ratsapotheke.** Im **Heimatmuseum** präsentiert man den Stammbaum der Familie von Thomas und Heinrich Mann, deren Vorfahren seit dem 16. Jh. in der Kleinstadt nachgewiesen sind.

Schaumschlägereien der besonderen Art gibt es in der **Schau(m)-manufaktur,** in der die bekannten Grabower Schaumküsse (»mit dem Zipfel«) hergestellt werden. Vor allem Kinder genießen es, ihr eigenes Küsschen zu kreieren und zu probieren (Rudolf-Breitscheid-Str. 4 a, Tel. 03 87 56/280 22, www. schaumanufaktur-grabow.de, Termine nach Anmeldung).

**Ludwigslust 9

Der Name der ehemaligen Residenzstadt (12 000 Einw.) erinnert an Herzog Christian II. Ludwig von Mecklenburg-Schwerin. 1724 ließ Durchlaucht ein Jagdschloss in die »Griese Gegend« setzen und sorgte für etwas mehr Farbe in einer Landschaft voller dunkler Wälder und Torfmoore. Friedrich der Fromme vollendete das Werk und verlegte 1756 seine Residenz von Schwerin in den weltabgewandten Winkel. Unter Federführung des Baumeisters Johann Joachim Busch entstand 1772–1776 ein Klein-Versailles mit **Erst-klassig** barocken und klassizistischen Gebäuden. Das Ensemble von Schloss, Park und Stadtanlage ist einmalig in Norddeutschland und spiegelt die höfische Kunst und Wohnkultur des 18. und 19.Jhs.

Ein Juwel ist das **Barockschloss** mit 40 überlebensgroßen Personifikationen von Wissenschaften wie Feldvermessung und Wasserbaukunst auf der Attika. Für den festlichen Rahmen im Innern sorgen Ornamente und Dekorationen aus Pappmaschee, die kaum von »ech-

Eine Lust zu schauen und zu wandeln – Schloss und Park Ludwigslust

ten« Stuckarbeiten zu unterscheiden sind. Besonders beeindruckend ist im Mitteltrakt der zweigeschossige **Goldene Saal**, dem Lüster und Spiegel zusätzlich Glanz verleihen. Im ehemaligen Jagdsaal ist das stimmungsvolle **Schlosscafé** untergebracht (www.museum-schwerin.de, Mitte April–Mitte Okt. Di–So 10–18, sonst 10–17 Uhr).

Jederzeit zugänglich ist der **Schlosspark**. Der einst streng geometrisch angelegte Barockgarten wurde im 19. Jh. von Peter Joseph Lenné zum Landschaftspark umgestaltet und erweitert. Wasserspiele und Kaskaden, Mammutbaum, Perückenstrauch und Kaukasische Flügelnuss laden zum Lustwandeln.

Für die Wasserversorgung der Springbrunnen war das 1750 erbaute **Pumpenhaus** zuständig, in dem jetzt das Natureum die Naturgeschichte Westmecklenburgs dokumentiert und erforscht.

Zeitgleich mit dem Schloss entstand als Fachwerkbau die **Orangerie**, in der Melonen, Feigen, Pfirsiche und sogar Ananas gediehen. Heute ist hier im Nordosten des Parks die **Sanddornmanufaktur** untergebracht, in der die gesunden Beeren aus den 120 ha Ludwigsluster Sanddornplantagen, die das größte Anbaugebiet Europas darstellen, verarbeitet werden. Im Café wird natürlich Sanddornkuchen serviert, und im Hofladen werden Sanddornprodukte verkauft (Mi–So 14–17 Uhr).

Die ebenfalls von Johann Joachim Busch im 18. Jh errichtete **Stadtkirche** gegenüber vom Schloss wirkt eher wie ein monumentaler Tempel. Hier und im Goldenen Saal des Schlosses lebt die Tradition barocker Musikabende in den **Ludwigsluster Schlosskonzerte** fort (Karten: Tel. 038 74/571 90, www.ludwigsluster-schlosskonzerte.de).

Über das Schaffen der Hofmusiker, insbesondere des Kontrabassisten und Komponisten Antonio Rosetti, informiert das restaurierte **Rosetti-Haus** (Am Bassin 7), das aber nur im Rahmen einer Stadtführung besichtigt werden kann.

Ebenfalls nicht in unmittelbarer Nähe zum Schloss **Am Alten Forsthof** stellte der Kunst- und Kulturverein der Stadt (Kukululu) die Stümpfe toter Bäume Künstlern zur Bearbeitung zur Verfügung, sodass sich die Besucher nun von »Don Quichotte« und »Fräulein Huch« oder dem »Grünspecht« bezaubern lassen können.

Info

Ludwigslust-Information
▮ Schlossstr. 36 | 19288 Ludwigslust
▮ Tel. 038 74/52 62 51
▮ www.stadtludwigslust.de

Hotels

Landhotel de Weimar ●●
Historischer Trakt (Gästehaus von Schloss Ludwigslust) und Neubau.
▮ Schlossstr. 15
▮ Tel. 038 74/41 80
▮ www.landhotel-de-weimar.de

Pension Zur Linde ●
Schlichtes, ruhig gelegenes Quartier, familiäre Atmosphäre.
▮ Neustädter Str. 16
▮ Tel. 038 74/250 99 72
▮ www.pension-bosse.de

Restaurant

Scholzens Lindenkrug ●●
Etwas außerhalb an der B 5 im Ortsteil Kummer Richtung Westen gelegen, pflegt der Lindenkrug seit 125 Jahren Gastlichkeit auf gehobenem Niveau, heute mit moderner deutscher Küche.
▮ Friedensstr. 1 | 19288 Kummer
▮ Tel. 03 87 51/212 80
▮ www.scholz-lindenkrug.de

Ausflug nach Redefin

In dem 20 km westlich von Ludwigslust gelegenen Dorf Redefin wurde 1820 das Hauptgestüt der mecklenburgischen Herzöge angelegt. Das parkähnlich angelegte **Landgestüt Redefin** mit den klassizistischen weißen Gebäuden ist eine Augenweide. An drei Sonntagen im Herbst zeigen die Pferde bei den Redefiner Hengstparaden Dressuren, Quadrillen und Gespannfahrten. Vor den Vorführungen können die Stallungen besichtigt werden. Und die Musikfestspiele Mecklenburg-Vorpommern nutzen das Gestüt als Konzertbühne (Tel. 03 38 54/62 00, www.landgestuet-redefin.de).

Neustadt-Glewe 🔟

Die Kleinstadt (6600 Einw.) an der Mündung des Störkanals in die Müritz-Elde-Wasserstraße kann mit einer sehenswerten **Alten Burg** aus dem 14./15. Jh. aufwarten. Von der Wehranlage sind der Bergfried, die zinnenbekrönte Ringmauer, das Neue Haus und die Wirtschaftsgebäude noch intakt. In Innern dokumentiert ein Museum die Burggeschichte. Weitere Hingucker sind das aufwendig restaurierte barocke **Neue Schloss** und die Fachwerkhäuser am Marktplatz.

Parchim 🔟

Erstmals im Jahr 1170 als Burg erwähnt, hat sich die Stadt (17 200 Einw.) stetig entwickelt und spielt heute als wirtschaftlicher und kultureller Mittelpunkt an der **Müritz-Elde-Wasserstraße** eine wichtige Rolle. Von den Wallanlagen aus dem 14. Jh., die die Stadt umschlossen, sind nur noch einige Reste erhalten. Das Bild der historischen, umfangreich restaurierten Altstadt wird dominiert von schönen Fachwerkbauten aus dem 16. und 17. Jh. sowie gotischen Backsteingebäuden. Parchim liegt an der Europäischen Route der Backsteingotik.

Erst- klassig

Das ursprünglich im 14. Jh. errichtete **Rathaus**, wurde zwar mehrfach umgebaut, behielt dabei aber weitgehend seine gotische Architektur mit den Stufengiebeln. Vor dem langgestreckten Gebäude zieht sich der **Schuhmarkt** durch die Altstadt. Gegenüber ragt die mächtige **St. Georgenkirche** aus dem Jahr 1289 empor. Zur kostbaren Inneneinrichtung gehören der Altar von 1421 und die Kanzel von 1580. Vom 48 m hohen Turm bietet sich ein schöner Rundblick auf die Stadt. Ebenfalls aus dem 13. Jh. stammt die **St. Marienkirche** mit einem prächtigen Altaraufsatz des 15. Jh. An den berühmtesten Sohn der Stadt, Generalfeldmarschall Moltke, erinnert eine Gedächtnisstätte im **Moltkehaus** (Lange Str. 28). Auch eine Statue erinnert an den Offizier, der Preußens Armee unter anderem im Deutsch-Französischen-Krieg von 1870/71 erfolgreich anführte.

Info

Stadtinformation Parchim
▌ Blutstr. 5 | 19370 Parchim
▌ Tel. 038 71/715 50
▌ www.parchim.de

Hotel / Restaurant

Zum Kaiserlichen Postamt ●●●
Einen besonders schönen Blick über die Altstadt von Parchim bietet das Turmzimmer, 13 weitere gut ausgestattete Zimmer und das Brauhaus-Restaurant (Bierspezialität ist das »Mecklenburger Postbuedel« – also »Postbote«) sorgen für einen genussvollen Aufenthalt.
▌ Schuhmarkt 5
▌ Tel. 038 71/63 33 00
▌ www.kaiserliches-postamt-parchim.de

Lübz 🔢

Nicht wenige Besucher denken beim Namen Lübz zunächst an ein frisch gezapftes Pils. Die Brauereistadt (6200 Einw.) an der Müritz-Elde-Wasserstraße aber hat auch eine hübsche Altstadt vorzuweisen. Von der mittelalterlichen Festung blieb der spätromanische **Amtsturm** (1308) erhalten, in dem sich heute das **Stadtmuseum** befindet (Am Markt 25, Mai–Sept. Di–Fr 10–12 und 13–17, Sa/So 10–12 und 13–16, sonst Di–Fr 10–12 und 13–16 Uhr); als Wahrzeichen der Stadt ist er auch im Logo der Brauerei Lübz abgebildet. Sehenswert sind ferner die auf einem Sockel aus Feldsteinen erbaute spätgotische **Backsteinkirche** und eine Wassermühle (Mühlenstr. 26). Für Sternengucker ist das **Planetarium** mit seiner Acht-

In Parchim schlummern architektonische Schätze der Backsteingotik

Meter-Kuppel in der Schützenstraße interessant (http://planetarium.luebz.de).

Info

Stadtinformation
▌ Am Markt 23 | 19386 Lübz
▌ Tel. 03 87 31/50 74 20
▌ www.luebz.de

Hotel

Zur Eldenburg ●
Backsteinbau von 1895 mit Spa- und Fitnessbereich.
▌ Am Markt 13
▌ Tel. 03 87 31/561 30
▌ www.hotel-zur-eldenburg.de

Restaurant

Gaststätte Alter Amtsturm ●●
Rustikales Restaurant unmittelbar neben dem Wahrzeichen von Lübz mit Blick ins angrenzende Museum. Auf der Biergartenterrasse werden im Sommer Aal, Saibling und Forelle in der »Showräucherei« frisch geräuchert; Gäste können mithelfen.
▌ Am Markt 23
▌ Tel. 03 87 31/203 85
▌ www.alter-amtsturm.de

Sternberg 13

Der wunderschön restaurierte Ort (4400 Einw.) lädt zum Bummeln ein. Schmale Kopfsteinpflasterstraßen werden von reich verzierten Fachwerkhäusern gesäumt, ebenso der **Marktplatz** mit dem neogotischem Rathaus. In der Kirche **St. Maria und St. Nikolaus** sind Reste der gotischen Bemalung zu entdecken. Von den im Dreißigjährigen Krieg zerstörten vier Stadttoren und Befestigungen wurden im 19. Jh. nur das spätgotische **Mühlentor** und die eindrucksvolle Wallmauer um die Stadt herum wieder aufgebaut.

Die Einladung zum »Sternberger Kuchen« können auch Kalorienbewusste ohne Scheu annehmen. Gemeint ist nichts Süßes, sondern ein fossiles Gestein. Seine Zutaten: Krebse, Korallen, Schnecken, Fische, Muscheln und eisenhaltiger Sandstein. Das eine oder andere Stück kann man im **Heimatmuseum** erwerben. Neben geologischen Exponaten und Alltagskultur werden Zeugnisse aus der Geschichte des einstigen Wallfahrtsortes gezeigt (Mühlenstr. 6, Tel. 038 47/21 62, Di–Do 10–15 Uhr).

Info

Fremdenverkehrsamt
- Am Markt 3 | 19406 Sternberg
- Tel. 038 47/44 45 35
- www.amt-sternberger-seenlandschaft.de

Hotel

Seehotel Sternberg ●●
Modernisiertes Haus, freundlich und hell eingerichtete Zimmer, teils mit Seeblick, Restaurant mit Sonnenterrasse.
- Johannes-Dörwaldt-Allee 4
- Tel. 038 47/35 00
- www.hotel-sternberg.de

Camping

Sternberger Seenlandschaft
Direkt am Ufer des Luckower See im Naturpark Sternberger Seenland gelegener Platz mit großem Freizeitangebot, auch Bungalows und Blockhäuser, außerdem Kanustation mit Verleih und Shuttle-Service.
- Tel. 038 47/25 34
- www.camping-sternberg.de
- Nov.–März geschl.

Restaurant

Kiek up'n See ●
Neben einem schönen Blick auf den See bietet das Restaurant deftige regionale Küche.
- Kastanienallee 36 | Großraden
- Tel. 038 47/31 14 41
- www.kiekupnsee.de

Ausflüge von Sternberg

Groß Raden

Die eigentlich Hauptattraktion Sternbergs liegt 5 km nördlich der Stadt. Das **Archäologische Freilichtmuseum Groß Raden** vermittelt anschaulich, wie ein altslawischer Tempelort des 9./10. Jh. ausgesehen haben mag. Aufgrund der in den Siebzigerjahren freigelegten Funde wurde die Siedlung rekonstruiert. Die Wohnhäuser aus Flechtwerk, Lehm und Holz, der Tempel und die Wehranlagen, begleitet von wechselnden Ausstellungen im Museumsbau, gewähren einen Einblick ins Leben des Stammes der Warnower (Kastanienallee, 19406 Groß Raden, Tel. 038 47/22 52, www.freilichtmuseum-grossraden.de, April bis Okt. tgl. 10–17.30, Nov.–März Di–So 10–16.30 Uhr).

Wesentlich jünger sind die Ausstellungsstücke im **Oldtimer-Museum** Groß Raden, das seine Ausstellungsstücke auf drei Stockwerken präsentiert, darunter rund 100 Motorräder aus Vorkriegsproduktion und DDR-Zeiten (Dorfstr. 21, www.oldtimermuseum-grossraden.de, April–Okt. tgl. 11–16 Uhr).

Museumsdorf Kobrow

Gerätschaften, Dorfschmiede und Backhaus des **Agrarmuseums** im Museumsdorf südlich von Sternberg veranschaulichen den Alltag der Bauern im 20. Jh. Das nostalgische **Kutschenmuseum** mit rund 120 Kutschen, Fuhrwerken und Pferdeschlitten, darunter eine Kutsche der deutschen Kaiserin Victoria, ist das größte seiner Art in Norddeutschland (Dorfstr. 10, 19406 Kobrow II, www.museumsdorf-kobrow.de, tgl. 10–17 Uhr).

*Naturpark Sternberger Seenland

Der Naturpark Sternberger Seenland mit einer Fläche von 540 km² liegt östlich des Schweriner Sees zwischen Schwerin, Sternberg, Goldberg, Güstrow, Bützow und Neukloster. Knapp die Hälfte des Naturparks wird landwirtschaftlich genutzt, gut ein Viertel ist von Wald bedeckt. Die Landschaft ist von der Eiszeit vor ca. 16 000–18 000 Jahren geprägt: Zwischen zwei Endmoränenzügen erstrecken sich Sanderflächen und Schmelzwasserseen. Die Warnow und ihre Nebenflüsse hinterließen Durchbruchs- und Erosionstäler. Von den vielen Seen sind der Große Wariner See, der Große Sternberger See, der Groß Labenzer See und der Neuklostersee die größten. Über Ausflugsziele informiert das **Naturparkzentrum** (Am Markt 1, Warin, Tel. 03 84 82/ 220 59, www.np-sternberger-seenland.de, Mai–Sept. tgl. 10–18 sonst Mo–Fr 10–16 Uhr).

Stamm der Warnower – Slawensiedlung im Archäologischen Freilichtmuseum Groß Raden

Die Mecklenburgische Schweiz

Das Beste!

Die Mecklenburgische Schweiz ist eine geologische Modellregion – Eiszeitgletscher formten das abwechslungsreiche Hügelland – und eine Region der Schlösser und Herrenhäuser mit der Barlachstadt Güstrow als kulturellem Zentrum.

Der Namenszusatz »Schweiz« ruft natürlich Assoziationen hervor: hohe, schroffe Berge und kristallklare Seen. Aber es ist »nur« die Mecklenburgische Schweiz. Selbst sie als Mittelgebirge zu bezeichnen, wäre übertrieben, denn die höchsten Berge sind etwa 100 m hohe Hügel. Doch wer sich an sanft gewelltem, lieblich grünem Hügelland erfreuen kann, ist hier genau richtig. Und bei der Anzahl der Seen kann die Mecklenburgische Schweiz ohnehin so schnell keiner toppen. Hügel oder Seen, groß oder klein, alle sind während der letzten Eiszeit entstanden. Vor Zehntausenden von Jahren haben die Gletscher eine besonders abwechslungsreiche Moränenlandschaft geschaffen.

Die Region rund um die Mecklenburgische Schweiz könnte man aber auch das Land der Schlösser und Herrenhäuser nennen. Viele der lange vernachlässigten Anwesen wurden von neuen Besitzern mit viel Enthusiasmus und eigenem Engagement wieder in Schmuckstücke verwandelt.

Was gibt es sonst noch? Natürlich die beiden großen Seen – Malchiner See und Kummerower See – dazwischen das Städtchen Malchin, dessen historische Bebauung im Zweiten Weltkrieg leider gelitten hat. Die Ernst-Barlach-Stadt Güstrow hat in dieser Hinsicht mehr Glück gehabt, Dom und Schloss zeugen noch von den Zeiten, als hier die mecklenburgischen Herzöge residierten.

Touren in der Region

Rundtour: Mecklenburgische Schweiz

Tour-Übersicht:

Verlauf: Teterow › Güstrow › Krakow am See › Burg Schlitz › Malchin ›Teterow

Aussichtsreiche Wanderung am Röthelberg

Dauer: 1–2 Tage; 115 km
Praktische Hinweise:
▪ Sehr schön ist diese Tour im Mai, wenn die Blüten der Rapsfelder das Hügelland mit einem gelben Teppich bedecken.
▪ Von den Barlach-Museen lohnt vor allem der Besuch in der Gertrudenkapelle (Di–So 10–17, Nov.–März 11–16 Uhr).

Tour-Start:

Die Rundfahrt durch das sanfte Hügelland der Mecklenburgischen Schweiz bietet eine gelungene Mischung aus Natur und Kultur. In **Teterow** › S. 78, das sich als Mittelpunkt von Mecklenburg-Vorpommern sieht, lohnt ein Spaziergang über die slawische Burgwallinsel, in der Stadt selbst sind die zwei Stadttore sowie die Backsteinbasilika St. Peter und Paul mit reichem Giebelschmuck sehenswert. In ****Güstrow** › S. 72 sind neben dem Renaissanceschloss vor allem die Barlach-Museen ein Besuchermagnet. Beeindruckende Beispiele der Backsteingotik sind der Dom und die Stadtpfarrkirche St. Marien. Spätestens in **Krakow am See** › S. 77 sollte man sich im Hüdenhus an der Seepromenade mit fangfrischem Fisch stärken, bevor man das Buchdruckmuseum besucht. Folgen Sie der Landstraße durch das waldige Schutzgebiet des Sees gen Osten über Linstow und der Deutschen Alleenstraße zur

Augenweide – Krakower Seeidylle

*Burg Schlitz › S. 82. Sie ist Mecklenburgs bedeutendste klassizistische Schlossanlage und beherbergt heute ein Hotel. Der Landschaftspark um die Burg lädt zu Spaziergängen ein. Eine weite Fernsicht genießt, wer den Röthelberg besteigt. Vor der Rückkehr nach Teterow, geht es nach **Malchin** › S. 82. Dort sind das Kalensche Tor, das Steintor und die Kirche St. Maria und Johannes einen Besuch wert.

❼ Tour Schlössertour

Tour-Übersicht:

Verlauf: Malchin › **Remplin** › **Teterow** › **Burg Schlitz** › **Schloss Ulrichshusen** › **Schloss Basedow** › **Malchin**

Dauer: 1 Tag; 60 km
Praktische Hinweise:

▮ Die Tour sollte man mit dem Auto machen, denn mit öffentlichen Verkehrsmitteln wird es sehr mühsam. Auch das Fahrrad ist nicht empfehlenswert, denn man fährt großteils über stark befahrene Straßen.

Tour-Start:

Die Kleinstadt **Malchin** › S. 82 an Anfang und Ende der Tour erinnert gerne daran, dass einst der Mecklenburger Landtag hier tagte. Das erste Schloss auf der Strecke in **Remplin** › S. 83 brannte 1940 zwar fast vollständig ab, aber schön ist ein Spaziergang durch den von Lenné gestalteten Schlosspark zum Turm der Sternwarte, zur Schlosskapelle und zu einigen Wirtschaftsgebäuden. Weiter geht es über **Teterow** › **S. 78** mit einem Abstecher auf die Burgwallinsel im Teterower See, auf der früher eine slawische Burg stand. Auch beim Besuch von ***Burg Schlitz** › **S. 82**, Mecklenburgs bedeu- tendster klassizistischer Schlossan- lage, ist der Park die größte Attrak- tion. Etwa 30 Minuten dauert der Aufstieg zum 96 m hohen Röthel- berg mit Blick über das Malchiner Becken. So viel frische Luft macht

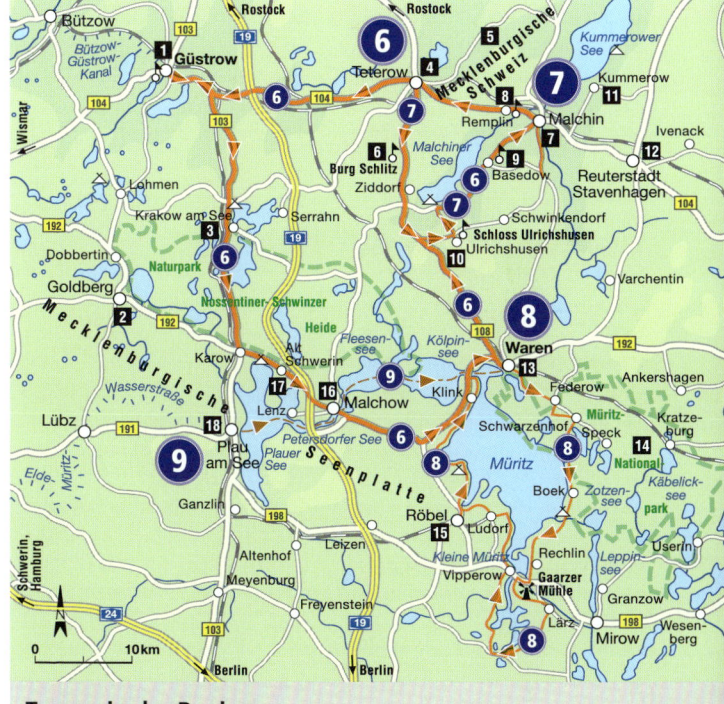

Touren in der Region

Tour 6 Rundtour: Mecklenburgische Schweiz
Teterow › Güstrow › Krakow am See › Burg Schlitz › Malchin ›Teterow

Tour 7 Schlössertour
Malchin › Remplin › Teterow › Burg Schlitz › Schloss Ulrichshusen › Schloss Basedow › Malchin

Tour 8 Radtour: Um das Kleine Meer
Waren › Federow › Schwarzenhof › Boek › Gaarzer Mühle › Vipperow › Röbel › Klink › Waren

Tour 9 Sechs-Seen-Tour mit dem Ausflugsschiff
Plau am See › Lenz › Petersdorfer See › Malchow › Fleesensee › Kölpinsee › Waren

hungrig. Das exklusive Restaurant im Schlosshotel wäre eine gute Wahl zum Mittagessen. Aber auch die nächste Station **Schloss Ulrichshusen** › S. 84 bietet sich an, denn im ehemaligen Pferdestall wird inzwischen feine Kost serviert – mit Blick auf das im 16. Jh. errichtete Renaissanceschloss. ***Schloss Basedow** › S. 83 kann man zwar nur im Rahmen einer Führung innen besichtigen, aber die fantastischen Terrakotta-Dekorationen an der Fassade lohnen auf jeden Fall einen Blick von außen. Unbedingt erkunden sollte man den von Schlossarchitekt Stüler und Gartengenie Lenné entworfenen Landschaftspark – etwa auf dem herrlichen Rundweg. Anschließend kann man dann auf Kaffee und Kuchen im gemütlichen Café in der ehemaligen Dorfschmiede oder im »Alten Schafstall« einkehren.

Unterwegs in der Region

****Güstrow** ◼

Güstrow erhielt 1228 das Stadtrecht und seine städtebauliche Struktur. Im 16. und 17. Jh. residierten hier die mecklenburgischen Herzöge der Nebenlinie Mecklenburg-Güstrow. Im 19. Jh. erlebte die Stadt – zum einen durch die Ansiedlung von Gewerbe- und Industriebetrieben, zum anderen durch die Anbindung an das Verkehrsnetz – einen Aufschwung, der sich später fortsetzte, als Güstrow Garnisonsstadt wurde.

Die Stadt am Flüsschen Nebel zählt rund 28 000 Einwohner. Die meisten Attraktionen sind um den historischen Stadtkern versammelt. Stufengiebel und Zunftzeichen zieren die hübschen alten Häuser. Außerdem findet man in Güstrow viel Klassizismus und ein restauriertes Wasserkraftwerk; der **Borwinbrunnen** von 1889 auf dem Pferdemarkt erinnert an die Inbetriebnahme des Werks.

Herzog Ulrich von Mecklenburg-Güstrow ließ als Ersatz für die durch einen Brand zerstörte Burg ab 1558 ein **Schloss** im Renaissancestil errichten. Als Baumeister verpflichtete er Franz Parr und Philipp Brandin, die eine vierflügelige Anlage mit Anklängen an französische und italienische Schlösser schufen. Im Schloss, einem der bedeutendsten und größten Renaissancebauten Norddeutschlands, residierte 1628–1630 Albrecht von Wallenstein, der den Dänenkönig Christian IV. 1626 besiegt hatte und Mecklenburg vom Kaiser als Pfand für seine Kriegskosten erhalten hatte. Wallenstein konnte seine großen Pläne mit dem Schloss in der kurzen Zeit nicht verwirklichen. Aber die geometrische Gartenanlage zeigt bis heute die Handschrift seines Hofarchitekten Giovanni Pieroni. Heute präsentiert das Schloss als Standort des Staatlichen Museums Schwerin die prächtigen Wohn- und Empfangsräume

Das Güstrower Renaissanceschloss präsentiert sich als wahres Schatzkästchen

im Stil der Renaissance und des Barock mit wertvollen Möbeln, Skulpturen und kostbaren Gemälden, darunter Meisterwerken von Cranach und Tintoretto (Franz-Parr-Pl. 1, Tel. 038 43/75 20, www.schloss-guestrow.de, Di–So 10–17 Uhr).

Die **Städtische Galerie Wollhalle** nutzt das historische Ambiente des ehemals herzoglichen Pferdestalls, der später auch als Wollhandelsplatz und Theaterwerkstatt genutzt wurde. Ausgestellt werden vor allem Mecklenburgische Künstler (Franz-Parr-Platz 9, Tel. 038 43/76 91 69, tgl. 11–17 Uhr).

Im modern gestalteten **Stadtmuseum** erfährt der Besucher alles über die Geschichte der Residenzstadt, außerdem über Leben und Wirken des in Güstrow geborenen Malers Georg Friedrich Kersting (1785–1847) sowie des niederdeutschen Dichters John Brinckmann (1814–1870), der in Güstrow als Lehrer tätig war (Franz-Parr-Pl. 10, Tel. 038 43/76 91 20, Mai–Sept. Mo–Fr 9–19, Sa 10–17, So 11–17, sonst Mo–Fr 9–18, Sa 10–16, So 11–16 Uhr).

Zu den Güstrower Hauptattraktionen gehört der **Dom**, ein Meisterwerk der Backsteingotik und Grablege des Güstrower Fürstenhaus von 1568 bis 1695. Gestiftet 1226 von Herzog Heinrich Borowin II. und 1335 geweiht, zeigt der Dom deutlich den Übergang von der Romanik zur Gotik. Romanisch sind der kreuzförmige Grundriss und der langgestreckte Chorraum. Auffallend ist der massive, 44 m hohe Westturm. Sehenswert ist die Innenausstattung mit dem Flügelaltar (um 1500), den Apostelfiguren (um 1530), dem Renaissance-Taufbecken (1593), dem Triumphkreuz (Mitte 14. Jh.) und dem Herzog-

Ulrich-Monument (1587). Doch absoluter Besuchermagnet ist Ernst Barlachs Bronzeplastik »Der Schwebende« im Nordschiff. 1927 schuf Barlach ihn mit den Gesichtszügen von Käthe Kollwitz als Ehrenmal für die Opfer des Ersten Weltkriegs. 1937 wurde es von den Nationalsozialisten als entartete Kunst entfernt

Die interessantesten Museen

■ Die **Galerie Alte und Neue Meister** in Schwerin gehört mit Werken holländischer und flämischer Meister zu den renommiertesten Kulturtempeln Deutschlands › S. 47.

■ Im **Flippermuseum** in Schwerin kann man nicht nur über 80 dieser blinkenden Automaten bewundern, man kann auch die eine oder andere Kugel spielen › S. 50.

■ Die **Gertrudenkapelle** war das erste Barlach-Museum in Güstrow, das auch mit Atelierhaus und Ausstellungsforum an den facettenreichen Expressionisten erinnert › S. 74.

■ Im **Müritzeum** in Waren erfährt man alles über den Müritz-Nationalpark und kann in einem Riesenaquarium einheimische Süßwasserfische anschauen › S. 91.

■ Im Freilichtmuseum **Agroneum** werden alle Bereiche der Landwirtschaft vom Traktor bis zur Windmühle gezeigt. Zudem bezieht das Museumskonzept das ganze Dorf Alt Schwerin mit ein › S. 102.

■ Im Penzliner **Museum für Alltagsmagie und Hexenverfolgung** erfährt man alles über dieses dunkle Kapitel der Geschichte › S. 131.

und eingeschmolzen. Ein Zweitguss gelangte in die Antoniterkirche in Köln. Da die Originalform im Krieg zerstört wurde, stellte man aus dem Kölner Schwebenden eine neue Gussform her, die 1953 die Bronzeskulptur für den Güstrower Dom lieferte (Domplatz, Tel. 038 43/ 68 24 33, www.dom-guestrow.de, Mitte Mai–Mitte Okt. Mo–Sa 10–17, So 14–16, sonst Di–Sa 11–12, 14–15 Uhr).

Auch die Stadtpfarrkirche **St. Marien** ist ein beeindruckendes Bauwerk der Backsteingotik und steht dem Dom in nichts nach: 1308 erstmals erwähnt, im 16. Jh. drei Mal durch Stadtbrände zerstört, 1690 mit barockem Turmhelm ausgestattet, ab 1880 als dreischiffige Hallenkirche überbaut (Marktplatz, Tel. 038 43/68 20 77, Juni–Sept. Mo–Sa 10–17, So 14–16, sonst Mo–Sa 11 bis 12 und 14–15, So 14–15 Uhr).

In der **Heilig-Geist-Kirche**, einer ehemaligen Spitalskirche von Anfang des 14. Jhs., zieht das norddeutsche **Krippenmuseum** mit etwa 500 Exponaten aus aller Welt die Besucher an (www.norddeutscheskrippenmuseum.de, Dez.–Mitte Jan. und Juni–Sept. tgl. 11–17, sonst Di–So 11–16 Uhr).

Seit sich **Ernst Barlach** (1870–1938) 1910 in Güstrow niederließ, ist sein Name eng mit der Stadt verknüpft. Nirgendwo sonst kann man sein Werk so gut kennenlernen. Gleich drei Museen widmen sich Leben und Arbeit des Expressionisten. In der **Gertrudenkapelle,** einer spätmittelalterlichen Pilgerkirche, zeugen die ausgestellten Skupturen

Schicksalsgestalt – Ernst Barlachs »Der Schwebende« im Güstrower Dom

»Der Zweifler«, »Lesender Klosterschüler«, »Mutter Erde« oder »Gefesselte Hexe« von der Ausdrucksstärke seiner Kunst (Gertrudenpl. 1, Di–So 10–17, Nov.–März 11 bis 16 Uhr).

Etwas außerhalb der Stadt hatte sich Barlach 1930/31 ein neues Refugium eingerichtet. Heute sind hier im **Atelierhaus** und nebenan im **Ausstellungsforum-Grafikkabinett** bildhauerische Arbeiten und Zeichnungen von ihm zu bewundern, ergänzt durch eine biografische Ausstellung. Sonderschauen rücken Barlach und die Klassische Moderne in den Blickpunkt. Außerdem hat die Ernst Barlach Stiftung, die sich um den Nachlass des Künstlers kümmert, hier ihren Sitz (Heidberg 15, www.ernst-barlach-stiftung.de, April–Okt. Di–So 10–17, sonst Di bis So 11–16 Uhr).

Auch das **Ernst-Barlach-Theater** ist nach dem berühmten Bürger benannt. Der klassizistische Bau von 1828 des Architekten Georg Adolf Demmler ist der älteste Theaterbau Mecklenburgs (Franz-Parr-Platz 8, www.theater-guestrow.de).

An einen weiteren bekannten Künstler, den Schriftsteller **Uwe Johnson** (1934–1984), Mitglied der »Gruppe 47«, erinnert eine Bronzestatue auf dem Domplatz. Der Schriftsteller wurde im Kammin (Pommern) geboren und gelangte durch den Krieg zunächst nach Anklam, später nach Güstrow, wo er 1952 sein Abitur ablegte.

Info

Güstrow-Information

Von Sept.–April werden jeden Freitag nach Einbruch der Dunkelheit Nachtwächterführungen angeboten.

- Franz-Parr-Platz 10 | 18273 Güstrow
- Tel. 038 43/68 10 23
- www.guestrow-tourismus.de

Hotels

Kurhaus am Inselsee ●●●

Idyllische Lage nahe Barlachs Atelier, zeitlos elegant eingerichtet. Großer Wellnessbereich mit Schwimmbad und Sauna.

- Heidberg 1
- Tel. 038 43/85 00
- www.kurhaus-guestrow.de

Hotel Weinberg ●

Ruhige Lage östlich des Zentrums, mit hauseigener Schauräucherei, Holzbackofen und Biergarten.

- Bölkower Str. 8
- Tel. 038 43/833 30
- www.weinberg-hotel.de

Restaurant

Hotelrestaurant Landlieb ●●−●●●

Etwas außerhalb von Güstrow serviert die feine Küche im Hotelrestaurant **Erst-klassig** regionale und saisonale Gerichte aus Biozutaten. Den Verdauungsspaziergang im schönen Park mit altem Baumbestand gibt's gratis. Wer möchte, kann ein erfrischendes Bad im See nehmen oder mit dem Ruderboot hinausfahren.

- Gut Gremmelin
- Am Hofsee 33 | 18279 Gremmelin
- Tel. 03 84 52/51 10
- www.gutgremmelin.de

Goldberg 2

Das unscheinbare Städtchen (3900 Einw.) wurde 1248 gegründet und hat sich bis heute seinen mittelalterlichen Stadtgrundriss bewahrt. Auch wenn Gebäude immer wieder ein Raub der Flammen wurden, von Zerstörungen im Zweiten Weltkrieg blieb die Stadt weitgehend verschont. Interessant ist die naturkundliche Sammlung im **Natur-Museum** (Müllerweg 2, Mai–Okt. Mo–Sa 10–16, So 13–16, sonst Di/ Mi, Fr 10–16 Uhr). Außerdem ist Goldberg der ideale Ausgangspunkt für Erkundungstouren zu den **Lan-**

Ungewöhnlich – das Restaurant Hüdenhus an der Krakower Seepromenade

genhägener Wiesen, einem gut 140 Hektar großen Feuchtbiotop, in dem sich Höckerschwäne und Löffelenten tummeln.

Info

Tourismusverein Goldberg Mildenitz
- Lange Str. 67 | 19399 Goldberg
- Tel. 03 87 36/820 40
- www.waelder-seen-mehr.de

Hotel

Hotel Seelust ●
3-Sterne-Hotel direkt am Hochufer des Goldberger Sees.
- Am Badestrand 4
- Tel. 03 87 36/82 30
- www.strandhotel-goldberg.de

Ausflug nach Dobbertin

Nur wenige Kilometer nördlich von Goldberg ragen die beiden markanten Kirchtürme von ***Kloster Dobbertin** in den Himmel. Die ursprünglich im 14. Jh. errichtete Klosterkirche wurde Mitte des 19. Jhs. nach Plänen Schinkels umgebaut. Öffentlich zugänglich sind neben der Stiftskirche das Refektorium, der Konventsaal und der Kreuzgang (Tel. 03 87 36/861 00, www.kloster-dobbertin.de, tgl. 11–17, Führungen Mai–Sept. Mi und Sa 15 Uhr). Der frühere Benediktinerkonvent beherbergt heute Wohnungen und Werkstätten für behinderte Menschen. Im **Klosterladen** werden die hier hergestellten Produkte verkauft, u.a. die der Kerzenzieherei (Mo–Fr 7–11.30 und 12.30 bis

15 Uhr). Das **Kloster-Café** im Brauhaus betreiben behinderte und nichtbehinderte Mitarbeiter gemeinsam (Mai–Okt. Di–Fr 11 bis 17.30, Sa/So 11–18, sonst Di–Fr 11–16.30, Sa/So 11–17 Uhr).

Hotel

Gasthof Zwei Linden ●●
Rustikal eingerichtetes Landgasthaus, Restaurant mit Biergarten und guter Mecklenburger Küche.
- Platz der Arbeit 1 | 19399 Dobbertin
- Tel. 03 87 36/424 72
- www.zwei-linden.com

Krakow am See [3]

Der Luftkurort (3500 Einw.) liegt am reizvollen Nordwestufer des gleichnamigen Sees. In der Alten Schule gibt es ein **Buchdruckmuseum** mit Schauwerkstatt sowie ein **Heimatmuseum** (Di–Sa 10–12 und 13–16 Uhr). Schräg gegenüber überstand die jüdische **Synagoge** (1866) die Novemberprogrome 1938 und dient heute als Kulturforum für Lesungen und Ausstellungen.

An der Seepromenade lädt das **Restaurant Hüdenhus** zur Einkehr (Tel. 03 84 57/518 41, http://hüdenhus.de, tgl. ab 11 Uhr). Von dort kann man am Ufer längs zum Aussichtsturm auf dem Jörnberg und ins **Naturschutzgebiet Lehmwerder** wandern.

Info

Tourist-Information
- Lange Str. 2 | 18292 Krakow am See
- Tel. 03 84 57/222 58
- www.krakow-am-see.m-vp.de

Hotels

Seehotel Krakow am See ●●

Das kleine Hotel mit nur 12 modernen Zimmern liegt direkt am See. Auf der großen Terrasse schmecken die regionalen Spezialitäten besonders gut.

- Goetheallee 1 | 18292 Krakow am See
- Tel. 03 84 57/51 99 97
- www.seehotel-krakow.de

Van Der Valk Golfhotel Landhaus Serrahn ●●

In diesem Landhaus mit 43 modernen Zimmern und Suiten fühlen sich besonders Golfspieler wohl, denn der 18-Loch-Platz liegt direkt vor der Tür und reicht bis ans Seeufer. Restaurant mit regionaler Küche und Terrasse.

- Dobbiner Weg 24 | 18292 Serrahn
- Tel. 03 84 56/669 20
- www.serrahn.vandervalk.de

Restaurant

Ich weiß ein Haus am See ●●●

Der poetische Name für das Haus am Krakower See ist einem Roman von Hans Fallada entlehnt. Die Gourmetküche wurde mit einem Michelin-Stern ausgezeichnet. Exzellente Feinschmeckermenüs mit fünf bis sieben Gängen. Auch der Weinkeller ist eine Wucht.

 Erst-klassig

- Paradiesweg 3
- Tel. 03 84 57/232 73
- www.hausamsee.de
- Mo Ruhetag, Nov.–Febr. auch So

Ausflug zum Nebeldurchbruchtal

Östlich von Krakow ist schnell das **Nebeldurchbruchtal** erreicht. Vom Parkplatz Galgenberg am Ortsrand von Serrahn kann man auf einem angenehmen Wanderweg ein Stück dem fließenden Wasser der reizvollen Nebel folgen. Als Wanderziel bietet sich das kleine Ausflugslokal der **Wassermühle Kuchelmiß** an (Tel. 03 84 56/606 66, www.seehotel-krakow.de). Dieser Ausflug dauert – ohne Einkehr – etwa 2 Stunden.

Teterow 4

Das Städtchen **Teterow** (8700 Einw.) rühmt sich im Mittelpunkt von Mecklenburg-Vorpommern zu liegen, trägt aber auch den Namen mecklenburgisches Schilda. Früher – wann genau, weiß man nicht mehr – sollen die Teterower Fischer einen kapitalen Hecht im See gefangen haben. Um ihn bis zum großen Fest frisch zu halten, banden sie ihm eine Glocke um den Hals und setzten ihn wieder im See aus. Die Stelle markierten sie – sehr durchdacht war das nicht – mit einer Kerbe im Boot, mit dem sie dann wieder gen Ufer steuerten. Ob es auf dem Fest nichts zu essen gab, ist ebenfalls nicht überliefert, den Hecht jedenfalls hat man nicht wieder gesehen. 1914 wurde auf dem Marktplatz der Hechtbrunnen enthüllt, der an die cleveren Schildbürger erinnert. Um das Beste aus der peinlichen Geschichte zu machen, wird alljährlich am Wochenende vor Pfingsten das **Hechtfest** mit großem Festumzug gefeiert.

1235 bekam die Siedlung Stadtrechte und einen Mauerring, der die kreisförmige Altstadt umgibt. Zwei **Stadttore** stammen aus dem 15. Jh.

Schmuckes Entree für Teterow – das Rostocker Tor

Das Malchiner Tor beherbergt ein **Stadtmuseum** mit Funden von der Burgwallinsel im Teterower See (Südliche Ringstr. 1, Tel. 039 96/17 28 27, Di–Fr 10–12 und 13–17, So 14–17 Uhr).

Die langgestreckte **Burgwallinsel** im nordöstlich gelegenen Teterower See geht auf eine slawische Burg zurück, von der heute nur noch Wallreste erhalten sind. Auf die Insel gelangt man vom westlichen Seeufer im Naturschutzgebiet Binsenbrink mit einer kleinen Seilfähre (Ostern–Okt. ab 10 Uhr) oder mit einem Ausflugsschiff ab Teterow Badestelle.

Glanzstück im Altstadtkern von Teterow ist die dreischiffige Backsteinbasilika **St. Peter und Paul** mit reichem Blendenschmuck am Giebel. Der Altarraum mit der Sakristei auf der Nordseite wurde noch im spätromanischen Stil errichtet, während das Langhaus und der Turm bereits gotisch sind; im Innern lohnen ein gotischer Flügelaltar, die Deckenmalereien im Chorgewölbe, das Triumphkreuz sowie der Barockprospekt der Orgel einen näheren Blick.

Motorsportfans schätzen den **Bergring**, eine Natur-Grasbahn nördlich der Stadt, auf der Motorradrennen stattfinden (www.bergring-teterow.de).

Info

Tourist-Information
- Markt 9 | 17166 Teterow
- Tel. 039 96/17 20 28
- www.teterow.de

Hotels

Hotel Wendenkrug ●–●●
Sechs Doppelzimmer im Dachgeschoss eines reetgedeckten Hauses. Restaurant, das deftige Hausmannskost kocht, mit Seeterrasse, Spielplatz, Naturbadestrand, Bootsverleih.

- Burgwallinsel Teterow
- Tel. 039 96/145 70 64
- www.burgwall-teterow.de
- Okt.–Ostern geschl.

Landhotel Schorssow ●●
Bäuerlicher Gasthof am Haussee.
Außerdem in der reetgedeckten Fischer-
kate aus dem 18. Jh. zwei komfortable
Ferienwohnungen für 4-6, bzw. 2-4 Per-
sonen.
- Am Haussee 4 | 17166 Schorssow
- Tel. 03 99 33/706 45
- www.landhotel-schorssow.de

Restaurant

Gasthaus Stadtmühle ●–●●
Historische Wassermühle mitten im Ort
mit rustikalem Interieur und Mecklen-
burger Küche.
- Mühlenstr. 1
- Tel. 039 96/15 23 00
- www.stadtmuehle-teterow.de
- Tgl. 11–22 Uhr

Ausflüge von Teterow

Teschow

Ein paar Kilometer nordöstlich von
Teterow liegt das Örtchen Teschow.
Die historische **Gutsschmiede** und
die **Backstube** aus dem 19. Jh. ge-
hörten früher zur Gutsanlage; das
sehenswerte Ensemble ist als tech-
nisches Denkmal geschützt. Nach
dem Dorffest »Himmelfahrt nach
Teschow!«, das am Himmelfahrts-
tag gefeiert wird, wird der alte Backofen dann bis September einmal im
Monat angeheizt – gemäß dem
Motto »Hüt is wedder Backdag!«.

Hotel/Restaurant

Landhotel Schloss Teschow ●●●
Luxuriös übernachten, fürstlich speisen,
Wellness und Golf.
- Gutshofallee 1 | 17166 Teschow
- Tel. 039 96/14 00
- www.schloss-teschow.arcona.de

Frühlingsgefühle – Seeschwalben auf Seerosen im Naturpark Mecklenburgische Schweiz

Tellow

Das **Thünen-Museum** im Ort Tellow – nördlich von Teterow – besteht aus dem historischen mecklenburgischen Gutshausensemble, das sich bis Mitte des 19. Jhs. in Besitz des Agrar- und Wirtschaftwissenschaftlers Johann Heinrich von Thünen befand. Das Freilichtmuseum mit den ausgedehnten Wiesen zum Herumtoben und die Vielfalt angebotener regionaler Produkte wie Keramik, Brot, Wurst, Honig und Kuchen im Gutsmarkt und im Café lohnen den Ausflug (www.thuenenmuseum-tellow.m-vp.de, Mai–Sept. tgl. 9–17, sonst 9–16 Uhr).

Mecklenburgische Schweiz 5

Nördlich der Mecklenburger Seenplatte schließt sich die **Mecklenburgische Schweiz** an, eine Landschaft, in deren Zentrum sich Hügelketten von bis zu 100 m Höhe erheben. Es ist eine typische Kulturlandschaft mit landwirtschaftlichen Flächen, die durch Feldgehölze, Sölle, Hecken und uralte Einzelbäume stark gegliedert ist. Knapp ein Fünftel ist von Wäldern bedeckt, rund 10 % sind Wasserflächen. Das **Tal der Peene** im Norden und ihre Zuflüsse, Torfstiche, Talmoore und Bäche bilden ein dichtes Netz von Feuchtgebieten. Geologisch bilden der Malchiner See und der Kummerower See das rund 30 km lange **Malchiner Becken,** das sich während der Weichseleiszeit durch Schmelzwasserflüsse gebildet hat. Die mecklenburgische Schweiz ist bekannt für ihre zahlreichen Schlösser, Gutshäuser und Parkanlagen.

1997 wurde der **Naturpark Mecklenburgische Schweiz** ins Leben gerufen, der sich auf einer Fläche von gut 60 000 ha über den nördlichen Bereich der Mecklenburger Seenplatte zwischen den Städten Demmin, Malchin, Waren, Krakow, Teterow und Dargun erstreckt. Zahlreiche Rad- und Wanderwege sind markiert und führen zu reizvollen Flecken in der Natur und schönen Schlössern. Der Naturerlebnispfad am Kummerower See etwa eignet sich bestens zur Beobachtung von Wasservögeln. Bei der Planung von Unternehmungen im Naturpark helfen neben detaillierten Karten vier Naturparkranger (www.naturpark-mecklenburgische-schweiz.de).

Erst-1 klassig

SEITENBLICK

Unterwegs mit der Draisine

Draisinen sind außergewöhnliche Fortbewegungsmittel. Die vierrädrigen Schienenfahrzeuge wurden ursprünglich für Bahnarbeiter zur Wartung der Gleise entwickelt, heute werden sie auf stillgelegten Strecken vielfach touristisch genutzt. In der Mecklenburgischen Schweiz führt eine 17 km lange eingleisige Strecke von Dargun nach Salem. Gefahren werden kann von Mitte April bis Mitte Oktober (Bahnhof Dargun: Ausleihe tgl. 9–11, Rückgabe 14–18 Uhr). Die pedalgetriebenen Fahrraddraisinen bieten bis zu vier Personen Platz (www.naturparkdraisine.de).

*Burg Schlitz 6

Vor allem im Mai, wenn das Hügelland von einem Meer blühender Rapsfelder überzogen ist, präsentiert sich die Mecklenburgische Schweiz um Teterow von ihrer besten Seite. Lohnend ist ein Ausflug zur **Burg Schlitz,** Mecklenburgs bedeutendste klassizistische Schlossanlage. Heute beherbergt das prachtvolle dreiflügelige Herrenhaus ein Hotel und kann nur von Gästen auch innen besichtigt werden. Dafür lädt der weitläufige, öffentlich zugängliche **Landschaftspark** zu Spaziergängen ein. Dabei trifft man auf den reizvollen Nymphenbrunnen, eine Jugendstilarbeit Walter Schotts von 1903, und die neugotische Karolinenkapelle von 1822. Auf einer Wanderung von einer guten halben Stunde kann man ferner den **Röthelberg** (96 m) besteigen, von dessen Spitze sich ein

**Erst-!
klassig**

herrlicher Ausblick über das Malchiner Becken bietet.

Hotel/Restaurant

Schlosshotel Burg Schlitz ●●●
Luxushotel in exlusiver Parklage mit Gourmetrestaurant (Mo/Di geschl.).
▌ 17166 Hohen Demzin
▌ Tel. 039 96/127 00
▌ www.burg-schlitz.de

**Erst-!
klassig**

Malchin 7

In der Kleinstadt (7600 Einw.) am Peenekanal, die 1945 zu drei Viertel zerstört wurde, zeugen noch einige Gebäude von der Zeit, als der Mecklenburger Landtag zwischen 1621 und 1918 abwechselnd im schwerinschen Sternberg und im güstrowschen Malchin tagte. Eindruck machen die gotischen Backsteinbauten, **Kalensches Tor** und **Steintor** (15. Jh.), und die Kirche **St. Maria und Johannes** aus dem 14. Jh. mit kostbarem spätgotischem Flügelaltar. In der alten **Stadtmühle** informiert ein Museum über die Ortsgeschichte.

Info

Stadtinformation
▌ Am Markt 1 | 17139 Malchin
▌ Tel. 039 94/64 01 11
▌ www.malchin.de

Camping

Campingpark Sommersdorf
Familienfreundlicher Platz am Ostufer des Kummerower Sees, Strand, Spielplatz, kleiner Laden.
▌ 17111 Sommersdorf
▌ Tel. 03 99 52/29 73
▌ www.campingtour-mv.de

Stilvoll – Wappensaal von Burg Schlitz

Traumhaft – Schloss Basedow liegt inmitten einer wunderbaren englischen Parklandschaft

Ausflüge von Malchin

Schloss Remplin 8

Der **Schlosspark Remplin**, 6 km westlich von Malchin, gehört mit sieben Lindenalleen und der ältesten Sternwarte Mecklenburg-Vorpommerns zu den Hauptattraktionen im Malchiner Umland. Der Schlosspark wurde nach Plänen von Peter Joseph Lenné umgestaltet.

1859 wurde das **Observatorium** bis auf den Turm der Sternwarte abgerissen. Im April 1940 brannte das Schloss bis auf den Nordflügel nieder und wurde nicht wieder aufgebaut. Erhalten blieben aber der barocke Torturm im Westen des Parks von 1750, Wirtschaftsgebäude und die Schlosskapelle. Bei einem Spaziergang durch den 33 ha großen Park, vorbei an Gräben und Kanälen gibt es also einiges zu entdecken.

Schloss Basedow 9

Sehr lohnend ist ein Besuch von *Schloss Basedow (8 km südwestlich). An dem verschachtelten, repräsentativen Bau wurde vom 16. bis 19. Jh. gebaut. Bemerkenswert sind die Terrakotta-Zierelemente, insbesondere an der Fassade des Ostflügelportals. Großen Einfluss auf das heutige Aussehen des Gebäudeensembles hatte Friedrich Graf von Hahn, der in der ersten Hälfte des 19. Jhs. nach Plänen des Berliner Architekten Friedrich August Stüler große Umbauten am Schloss, an den Wirtschafts- und Wohngebäuden und im Ort vornehmen ließ.

Nach der Wende tat sich in Basedow viel Jahre nichts; mittlerweile erstrahlen die Gebäude wie das Herrenhaus und der Marstall wieder in frischen Farben.

**Erst-!
klassig** Den Schlosspark gestaltete Landschaftskünstler Peter Joseph Lenné als »Ornamented Farm« im englischen Stil, die man auf einem von Lenné eigens für Kutschen und Pferde angelegten Rundweg erkunden kann (Führungen auf Anfrage: Tel. 03 99 57/201 50, www.gaeste fuehrerin-mueller.de).

Auch die typischen **Stüler-Bauten** im Ort wurden restauriert und werden als Wohnhäuser genutzt. Die schmucke **Dorfkirche** aus dem 13. Jh. ist ebenfalls sehenswert. Auf der wertvollen Orgel von 1680 werden bei Sommerkonzerten Werke von Renaissance-Meistern gespielt.

Rund um das Schloss gibt es mittlerweile mehrere Gastronomiebetriebe. Die alte **Schmiede** am Dorfteich beherbergt ein gemütliches Café (Mai–Okt. tgl. ab 10 Uhr). In einem Stallgebäude aus dem 18. Jh., in dem sich früher alljährlich Deutschlands Schafzüchter zur Basedower Bockauktion trafen, ist der **Alte Schafstall** untergebracht. Das rustikale Café und Restaurant verkauft auch regionale Produkte wie Honig, Marmelade, Schnaps und Kunsthandwerk (Tel. 03 99 57/ 204 54, www.alter-schafstall-base dow.de, April–Okt. tgl. 8–18 Uhr).

*Schloss Ulrichshusen 🔟

Eine wechselvolle Geschichte haben viele Schlösser in Mecklenburg-Vorpommern, aber nur wenige sind so prachtvoll aus Trümmern auferstanden wie **Schloss Ulrichshusen**. 1553–1562 ließ sich Ulrich von Maltzahn die viergeschossige Zweiflügelanlage auf den Resten einer

mittelalterlichen Burg erbauen. Im Dreißigjährigen Krieg brannte das Schloss ab, wurde aber schnell wieder aufgebaut. Nach der Wende kauften Nachkommen des Erbauers das Anwesen und restaurierten es für Gäste, die massive Feldsteinscheune dient als Konzertsaal – u. a. bei den Festspielen Mecklenburg-Vorpommern.

Hotel/Restaurant

Schloss & Gut Ulrichshusen ●●●
Elegante Zimmer mit See- oder Parkblick, feines Restaurant »Am Burggraben« im ehemaligen Pferdestall.
▌ Seestr. 14 | 17194 Ulrichshusen
▌ Tel. 03 99 96/79 00
www.ulrichshusen.de **Erst-!
klassig**

Kummerow 🔟

Das kleine Städtchen **Kummerow** am Südufer des Kummerower Sees, der in der Eiszeit entstand, wurde durch den Ehm-Welk-Roman »Die Heiden von Kummerow« bekannt. Reizvoll ist Kummerows Lage am rund 32 km² großen See, der zu allerlei Freizeitaktivitäten einlädt.

Reuterstadt Stavenhagen 🔢

Ganz im Zeichen des Dichters Fritz Reuter, der hier 1810 geboren wurde, steht Stavenhagen (5800 Einw.) rund 10 km südöstlich von Malchin. Straße, Platz, Schule, Apotheke sind nach dem Dichter niederdeutscher Sprache benannt, ein Denkmal hat man ihm auch gesetzt.

Fest verwachsen in der Erde sind die Ivenacker Eichen seit vielen Hunderten von Jahren

Das **Fritz-Reuter-Literaturmuseum** im alten Rathaus und Geburtshaus des Dichters – sein Vater war Bürgermeister – am Markt bewahrt nicht nur die Schriften Reuters, es gibt auch eine rund 15000 Bände umfassende Fachbibliothek für niederdeutsche Literatur (Markt 1, www.fritz-reuter-literaturmuseum.de, Mo–Fr 9–17, Sa/So 10–17 Uhr).

Verwaltung und Standesamt von Stavenhagen residieren heute im Schloss, einem um 1740 entstandenen – blitzblank restaurierten – Bau auf einem Hügel inmitten der Stadt.

Nicht weit entfernt von der Reuterstadt in nordöstlicher Richtung liegt als beliebtes Ausflugsziel das Dorf **Ivenack**. Das Schloss, ein Dreiflügelbau, verdankt seine heutige Gestalt Umbauarbeiten Anfang des 18. Jhs. Im Osten schließen sich der Park mit Schlosskirche, Orangerie und Teehaus, nördlich der halbkreisförmige Marstall an.

Nordwestlich von Stavenhagen lohnen die ****Ivenacker Eichen**, die in einem Tiergarten stehen, einen Abstecher. Die mächtigste ist mindestens 1000 Jahre alt und damit die älteste lebende Eiche Deutschlands. Der Dichter Fritz Reuter nannte diesen Ort eine der Ruhe geweihte Oase. Die Eichen sind keine Relikte von Urwäldern, sondern Überbleibsel mittelalterlicher Hütewälder. Im Barockpavillon im Tierpark widmet sich eine interaktive Ausstellung den uralten Bäumen (Tiergarten ganzjährig rund um die Uhr, Pavillon April–Okt. Mo–Fr 9–18, Sa/So 10–18 Uhr, Führungen: Tel. 01 73/301 20 84, www.ivenacker-eichen.de).

Info

Stadtinformation
- Markt 1 | 17153 Stavenhagen
- Tel. 03 99 54/27 98 35
- www.stavenhagen.de

Die Müritz und die Großseen

Das Beste!

- **Die einheimischen Süßwasserfische** im Müritzeum von Waren beobachten › S. 91
- **Mit dem Ausflugsschiff** auf große Müritzrundfahrt gehen › S. 91
- **In die Kinderstube des Fischadlers** von Federow blicken › S. 97
- **Die größte Feldsteinscheune Deutschlands** nach kleinen Schätzen durchstöbern › S. 100
- **Ein ganzes Dorf als Museum** erkunden in Alt Schwerin › S. 102

Aushängeschild der Mecklenburgischen Seenplatte ist die Müritz. Am Ufer des größten deutschen Binnensees hat sich Waren als wichtigstes Ferienziel der Region etabliert. Aber auch die angrenzenden Großseen sind beliebte Wassersportreviere.

Nirgendwo im deutschen Binnenland kann man so viel am und auf dem Wasser sein wie auf der Mecklenburgischen Seenplatte. Waren ist der Treffpunkt aller Wassersportbegeisterten, vor allem der Segler. Der Luftkurort punktet mit dem Stadthafen, den viele Cafés, Restaurants und Geschäfte rahmen, einer sehr lebendigen Altstadt und dem fantastischen Müritzeum als Natur- und Erlebniszentrum.

Vor den Toren der Stadt lädt der Müritz-Nationalpark mit einem weitläufigen Wegenetz zu Rad- und Wandertouren ein. Der Park gilt als eines der bedeutendsten Vogelschutzgebiete Europas, in dem See- und Fischadler ihre Kreise ziehen und alljährlich Zehntausende von Herbstgästen – allen voran Kraniche, Gänse- und Entenarten – Station machen. Im Nationalparkzentrum kann man einem Fischadler beim Brüten und bei der Aufzucht seiner Jungen beobachten – dank Kamera direkt am Horst.

Für den privaten Autoverkehr ist der Nationalpark gesperrt, doch mit dem Bus samt Fahrradanhänger und dem Müritz-Nationalpark-Ticket eröffnen sich auch für weniger Sportliche vielfältige Tourenmöglichkeiten.

Etwas ruhiger als in Waren, aber ganz und gar nicht langweilig, geht es in Röbel, Malchow und Plau am See zu. In der Region ist es nie weit zum Wasser vom »kleinen Meer« Müritz und von den großen Seen.

Touren in der Region

Tour 8

Radtour: **Um das Kleine Meer**

Tour-Übersicht:

> **Verlauf: Waren** › **Federow** › **Schwarzenhof** › **Boek** › **Gaarzer Mühle** › **Vipperow** › **Röbel** › **Klink** › **Waren**

Dauer: 1–2 Tage; 89 km
Praktische Hinweise:

▪ Übernachtungs- und Einkehrmöglichkeiten gibt es in Boek und in Röbel.

▪ Wer seine Kondition überschätzt oder keine Lust mehr hat, kann im Nationalpark auf den Bus umsteigen – und dabei sein Rad selbstverständlich mitnehmen.

Seerosenteppich auf dem Kölpinsee

Tour-Start:

Mitten im Land der tausend Seen wird auf gut ausgeschildertem Weg das größte Gewässer, das »kleine Meer«, die Müritz, umfahren. Am Beginn steht aber eine ausführliche Besichtigung von ***Waren** › S. 89. Rund um den Stadthafen gibt es schöne Möglichkeiten zum Kaffeetrinken und zum Speisen mit Blick aufs Wasser. Auch die Altstadt mit ihren Backsteinbauten sowie die Gegend um den Neuen Markt mit vielen Fachwerkhäusern und Geschäften laden zum Bummeln ein. Praktisch vor der Haustür beginnt der ***Müritz-Nationalpark** › S. 94, der fast das ganze Ostufer des Sees einnimmt. Ein Highlight ist die Strecke durch den Specker Horst, das ehemalige Staatsjagdgebiet von DDR-Ministerpräsident Willi Stoph. Eine Pause am Käflingsberg bei Speck lohnt sich wegen der beeindruckenden Aussicht auf den Nationalpark

Müritz. An der Gaarzer Mühle kann dann die Strecke abgekürzt werden, wenn man nicht weiter nach Süden, sondern direkt nach Vipperow fährt.

Sechs-Seen-Tour mit dem Ausflugsschiff

Tour-Übersicht:

Verlauf: Plau am See › **Lenz** › **Petersdorfer See** › **Malchow** › **Fleesensee** › **Kölpinsee** › **Waren**

Dauer: 8 Stunden

Praktische Hinweise:

▮ Die Sechs-Seen-Tour ab Plau am See bietet z. B. Fahrgastschifffahrt Wichmann als Naturerlebnisfahrt an (Tel. 03 87 35/444 49, www. fahrgastschifffahrt-plau.m-vp.de, Abfahrt Mo, Mi, Sa um 10 Uhr).

Warens Stadthafen – Dampfer der »Weißen Flotte« nimmt Kurs auf die Müritz

Tour-Start:

Das Schöne an der Großseenplatte ist, dass die Gewässer durch schmale Wasserwege miteinander verbunden sind und sich immer wieder neue fantastische Ausblicke bieten. Vom Luftkurort **Plau am See** › S. 103, der mit einem von Fachwerkhäusern gesäumten Marktplatz und einem Rathaus im Renaissance-Stil aufwarten kann, verkehren mehrmals in der Woche Fahrgastschiffe über den Plauer See, Petersdorfer See und Malchower See zur Inselstadt **Malchow** › S. 101, die sich ebenfalls Luftkurort nennen darf. Malchows überschaubare Altstadt liegt malerisch auf einer Insel. Von dort geht es weiter über den Fleesen- und den Kölpinsee nach **Waren** › S. 89, dem touristischen Zentrum an der Müritz. Beim ein- bis zweistündigen Landgang ist Zeit für die Mittagspause in einem der Terrassenlokale am Stadthafen, alternativ bietet sich ein Besuch im Haus der tausend Seen, dem Müritzeum, mit Deutschlands größtem Aquarium für einheimische Süßwasserfische an.

Unterwegs in der Region

 ## *Waren 🄳

Waren (21 000 Einw.) ist eine terrassenförmig angelegte, über 700 Jahre alte Stadt am Nordufer der Müritz. Die unmittelbare Umgebung der Stadt ist mit Herrensee, Waupacksee, Melzer See, Tiefwarensee, Feisnecksee und Binnenmüritz äußerst wasserreich.

Schon um 150 n. Chr. gab es hier einen Siedlungsplatz. Die mittelalterliche Stadt wurde um 1260 gegründet, ihr Zentrum befand sich rund um den Alten Markt und die **Georgenkirche,** die erstmals 1273 erwähnt wurde. Bald darauf entstand die Neustadt, um 1325 schlossen sich die ältere und die neuere Stadt zusammen. Durch fünf Stadtbrände zwischen 1568 und 1699 sowie den Dreißigjährigen Krieg wurde Waren vielfach verwüstet.

Seit 1856 gibt es die Seebadeanstalt; Segel-, Tauch- und Surfschulen kamen in den letzten Jahren hinzu.

Rund um den **Stadthafen** breitet sich das touristische Zentrum von Waren aus. Hier liegen Segelboote jeder Größe, laden Bänke zum Verweilen oder Restaurants und Kneipen zum Genießen ein. Die alten Speicher erinnern noch an die Zeit als Waren ein wichtiger Umschlagplatz für Holz und Korn war. Heute beherbergen sie schöne Ferienwohnungen, Restaurants und Geschäfte.

Über der Stadt thront die **St. Marienkirche,** das Wahrzeichen von Waren, das schon vom Stadthafen ins Auge fällt. Der Ursprung der Kirche reicht bis ins 14. Jh. zurück, ihr heutiges Aussehen erhielt sie nach einem Stadtbrand in den 1790er-Jahren. Vom Turm genießt man einen grandiosen Blick über

Herausgeputzt mit Blumenschmuck und Wasserspiel – der Neue Markt in Waren

die Altstadt und die Müritzer Seen-landschaft (Mühlenstr. 13, Tel. 039 91/63 57 23, April–Okt. Mo–Fr 10–18, Sa 10–16, So 11–16 Uhr).

Um den **Neuen Markt** herum gruppieren sich schmucke Fachwerkhäuser, in einem der prächtigsten befindet sich die 1623 erstmals erwähnte **Löwenapotheke.** Gleich neben der Apotheke hat die Touristeninformation ihren Sitz, im Obergeschoss informiert eine Ausstellung über den Müritz-Nationalpark (Mai–Sept. tgl. 10–18 Uhr, sonst nur Mo–Fr).

Gegenüber erhebt sich das **Neue Rathaus** von 1797, das Mitte des 19. Jhs. umgebaut wurde und vom Stil her an englische Tudorgotik erinnert. Unter den Arkaden ist die alte Ratswaage zu sehen, im Innern präsentiert die Galerie des Kultur- und Kunstvereins wechselnde Aus-stellungen. In den oberen Etagen zeigt das **Stadtgeschichtliche Museum** seine Sammlung (Neuer Markt 1, Tel. 039 91/17 73 52, Mai–Okt. Mo–Fr 10–18, Sa, So 14–17, sonst Mo–Fr 9–17, Sa, So 14–17 Uhr).

Auch den **Alten Markt** rahmen noch viele historische Häuser. Eines von ihnen ist das **Alte Rathaus** an der Nordostecke des Platzes, ein zweigeschossiges Backsteingebäude, dessen Anfänge ins 14. Jh. zurückreichen. Das Alte Rathaus ist der älteste Profanbau in Waren und hätte mit seinen fast ein Meter dicken Wänden gut und gern auch als Festung dienen können. An seiner Ostseite sind noch drei Bögen vom Laubengang der alten Gerichtslaube erhalten.

Die Kirche **St. Georgen,** eine dreischiffige Basilika mit Kreuzrippengewölbe und quadratischem Westturm, stammt vom Anfang des 14. Jhs., wurde aber mehrfach umgebaut. Der neugotische Altar – das Werk eines Tiroler Bildhauers – zeigt eine Kreuzigungsgruppe mit Maria, Maria Magdalena und Johannes.

Warens Besuchermagnet aber befindet sich ein paar Schritte außerhalb der Altstadt. Das **Müritzeum,** ein modernes Besucherzentrum für die Müritz-Region, steht teilweise im Herrensee und überrascht mit einer Fassade aus verkohltem Lärchenholz. Damit erinnert die schwedische Architektin Murnieks an eine alte Tradition der Region, das Teerschwelen, bei dem aus Birken oder Kiefern neben Teer Holzkohle für Glashütten und Ziegeleien gewonnen wurde. Die Hauptattraktion im Inneren des Müritzeums ist ein 100 000 Liter fassendes Aquarium, in dem sich einheimische Süßwasserfische tummeln. Reges Treiben herrscht auch in mehr als zwei Dutzend kleineren Aquarien. Die interaktive Ausstellung informiert umfassend über den Müritz-Nationalpark und gibt faszinierende Einblicke in die Lebensräume Wald, Wasser, Moor und Luft. Zudem kann man im Altbau die Schätze der Naturhistorischen Landessammlungen Mecklenburg-Vorpommerns bewundern. Von der Dachterrasse des Gebäudes hat man einen herrlichen Ausblick. Auf dem Außengelände um den Heerensee herum gibt es für Kinder einen Abenteuerspielplatz und einen Erlebnispfad, der u. a. an einem Bienenstock vorbeiführt (Zur Stein-

Erst-klassig

mole 1, Tel. 039 91/63 36 80, www.mueritzeum.de, April–Okt. tgl. 10 bis 19, Nov.–März 10–18 Uhr).

Auf der anderen Seite vom Stadthafen richtete die Fischerei Müritz-Plau ein kleines **Fischereimuseum** ein, das Arbeitsalltag und Geschichte der Müritzfischer dokumentiert (Am Seeufer 73, Tel. 039 91/15 34 25, Mai–Okt. tgl. 10–17 Uhr).

Außerdem bietet Waren, das größte touristische Zentrum an der Müritz, seinen Gästen eine Reihe von Veranstaltungen: Rund 50 000 Besucher kommen jedes Jahr in der zweiten Maihälfte zur **Müritz Sail** (www.mueritzsail.net). Am **Müritzschwimmen** über 1950 m nehmen alljährlich Anfang August mehrere hundert Schwimmer teil (www.mueritzschwimmen.de). Fest im Veranstaltungskalender verankert ist auch der **Müritz-Lauf** Ende August. Handbiker, Einzelläufer oder Teams umrunden die Müritz, die Streckenlänge beträgt 75 km (www.mueritz-lauf.de).

SEITENBLICK

Binnenschifffahrt

Zehn Schiffe, darunter das Dampfschiff »Europa«, umfasst die **Weiße Flotte Müritz.** Sie verkehrt im Linienverkehr von Waren nach Klink und Röbel oder von Waren über Klink zum Bolter Kanal und weiter zum Hafendorf Müritz. Außerdem gibt es eine regelmäßige Verbindung zwischen Müritz und Plauer See. Beliebt sind auch Ausflugsfahrten wie die Große Müritzrundfahrt (www.weisse-flotte-mueritz.de).

Einladende Terrasse – das Hotel Kleines Meer an der Müritz

Info

Waren-Information
- Neuer Markt 21 | 17192 Waren
- Tel. 039 91/74 77 90
- www.waren-tourismus.de

Hotels

Hotel Kleines Meer ●●
Am Marktplatz, und doch nur wenige
Meter von der Müritz entfernt. Schmucke Räume im skandinavischen Design
in einem renovierten Haus aus der Zeit
um 1900. Nach einem Zimmer mit Seeblick fragen! Küchenchef Hendrik Türk
wurde schon vom »Feinschmecker« ausgezeichnet und bekam vom Gault Mil-
lau 13 Punkte für seine kreativen regionalen und internationalen Gerichte.
- Alter Markt 7
- Tel. 039 91/64 80
- www.kleinesmeer.de

Seehotel Ecktannen ●●
Die Lage in einer ruhigen Villenstraße im
Süden von Waren verspricht Erholung.
Angenehme Atmosphäre, feine Küche,

wird auch gerne für Tagungen und Feiern gebucht.
- Fontanestr. 51
- Tel. 039 91/62 90
- www.seehotel-ecktannen.de

Schlosshotel Groß Plasten ●●—●●●
Das 10 km östlich von Waren gelegene
Schloss zählt zu den schönsten Hotelanlagen in Mecklenburg-Vorpommern. Die
54 Zimmer im Haupthaus und im Kut-
schenhaus sind individuell eingerichtet,
vor allem die Themenzimmer begeistern.
In ihnen wohnt man stilecht wie Napo-
leon, Königin Luise oder Casanova. Für
Entspannung sorgt der Wellnessbereich;
schöner Seeblick von der Terrasse.
- Parkallee 36 | 17192 Groß Plasten
- Tel. 03 99 34/80 20
- www.schlosshotel-grossplasten.de

Restaurants

Brauhaus Müritz ●
Terrasse mit Blick auf Waren und den
Tiefwarensee. Am Wochenende Spanfer-
kel vom Grill und gelegentlich Livemu-

sik. Zum selbstgebrauten Bier gibt es rustikale Speisen. Jeden Montag um 18 Uhr Führung durch die Brauerei.

▌ Am Tiefwarensee 1
▌ Tel. 039 91/18 15 40
▌ www.reschke-hotels.de

Tête à tee & Café ●

Teeladen und kleines Café im Kiezspeicher, gemütlich und freundlich. Selbstgebackener Kuchen und kleine Snacks, riesige Teeauswahl, eigene Kaffeerösterei. Alle Teesorten sind auch im Onlineshop erhältlich.

▌ Kietzstr. 17–21
▌ Tel. 039 91/18 05 47
▌ www.mueritz-tee.de

Heinos Fischerstuw ●

Einfaches Restaurant direkt am Stadthafen, das den frischen Fisch der Müritzfischer bestens zuzubereiten versteht. Große Auswahl an Fischbrötchen, Schlemmerplatte mit fünf Fischsorten, Fischsuppe.

▌ Strandstr. 3
▌ Tel. 039 91/66 79 70
▌ www.heinos-fischerstuw.de

_**Shopping**

Kram und Kunst

Das Geschäft ist vollgestopft bis unter die Decke und eine wahre Fundgrube – für diejenigen, die Zeit zum Stöbern mitbringen.

▌ Große Wasserstr. 33
▌ Tel. 039 91/66 91 64
▌ www.kram-und-kunst.de
▌ Mo-Fr 13-18, Sa 10-18 Uhr

Ausflüge von Waren

*Klink

Von Waren verkehren Schiffe nach Klink, einem viel besuchten Dörfchen auf der Landbrücke zwischen

SEITENBLICK

Die Müritz

Die Mecklenburgische Seenplatte ist das größte zusammenhängende Seengebiet Deutschlands. Viele der mehr als 1000 großen und kleinen Seen sind durch Flüsse und Kanäle miteinander verbunden. Die Müritz ist mit 112 km² nicht nur das größte Gewässer der Seenplatte, sie ist auch der größte See Deutschlands. Der Bodensee besitzt zwar eine größere Fläche, gehört aber teilweise zu Österreich und der Schweiz.

Entstanden sind die Seen am Ende der Weichsel-Eiszeit vor rund 12 000 Jahren. Der sich vorwärts schiebende, dicke Eispanzer hobelte den Untergrund und schuf so Rinnen und Furchen. An den Rändern entstanden große Sandflächen. Beim Abschmelzen füllten sich die Rinnen mit Wasser. Zurück blieben unzählige Steine, die die Gletscher aus Skandinavien mitgebracht hatten. Diese Findlinge erinnern bis heute an die Entstehungsgeschichte der Müritzregion.

Die Slawen nannten den größten See der Seenplatte **Morcze** (Kleines Meer), woraus sich später der Name Müritz bildete. Auch der Ländername Mecklenburg ist slawischen Ursprungs, denn bei Wismar gab es eine Slawen-Burg mit dem Namen **Miklinborg**.

Müritz und Kölpinsee. Blickfang ist das oberhalb vom Strand gelegene rekonstruierte **Schloss,** das sich 1898 Arthur und Hedwig von Schnitzler nach Plänen des Berliner Architekten Hans Grisebach bauen ließen. Mit seinen giebelartigen Gaubenfenstern und den runden Ecktürmen erinnert es an ein französisches Renaissanceschloss und könnte durchaus auch an der Loire stehen. Nach dem Zweiten Weltkrieg diente es als Flüchtlingsunterkunft, später als Schulungs- und Erholungsobjekt. Der erste von der Treuhandanstalt initiierte Verkauf war ein Fiasko, denn der Investor kam seinen Verpflichtungen nicht nach und das Schloss verfiel weiter. 1996 dann der zweite Versuch. Diesmal mit glücklicherem Ausgang. Der neue Investor hatte mit Groß Plasten schon ein Schloss erfolgreich in ein Luxushotel umgewandelt. Dies gelang in den Folgejahren auch mit Schloss Klink.

Hotel

Schlosshotel Klink ●●–●●●

Das historische Schloss wurde um Neubauten für den Wellnessbereich und ein Panoramaschwimmbad ergänzt.

Erst-klassig

▮ Schlossstr. 6 | 17192 Klink

▮ Tel. 039 91/74 70

▮ www.schlosshotel-klink.de

✶✶Müritz-Nationalpark 🖼

7

Vor den Toren der Stadt **Waren** erstreckt sich der 322 km^2 große Müritz-Nationalpark. Landschaftsprägend sind im gesamten Nationalpark die ausgedehnten Wälder (72 %), Seen (13 %) und Moore (8 %). Die restlichen 7 % der Fläche sind von Wiesen und Äckern bedeckt. Ent-

Maritimes Flair umgibt das Schlosshotel Klink zwischen Müritz und Kölpinsee

Der Müritz-Nationalpark beeindruckt auch mit uralten Buchenwäldern

standen ist diese in Deutschland einmalige Landschaft während und nach der Weichsel-Eiszeit vor 12 000 Jahren, vor allem das Eis der Pommerschen Hauptendmoräne schuf Rinnen und Becken und hinterließ zahllose Findlinge, Sölle und Toteislöcher.

Der Müritz-Nationalpark gliedert sich in zwei räumlich getrennte Gebiete. Das **Müritzer Teilgebiet** (260 km²) umfasst neben einem etwa 10 km langen Uferstreifen der Müritz noch rund 100 weitere größere Seen und unzählige weitere Stillgewässer. Die höchste Erhebung im allgemein flacheren Müritzer Teil ist der 100 m »hohe« Käflingsberg. Das **Serrahner Teilgebiet** (62 km²), östlich von Neustrelitz, liegt im Übergangsbereich von der Mecklenburger Seenplatte zur Feldberger Seenlandschaft. Hier gibt es zwar auch größere Seen, doch dominieren diese die Landschaft nicht

so stark wie es die Seen im Müritzer Teilgebiet tun. Hirschberg (143 m) und Warsberg (103 m) sind die höchsten Erhebnungen im Serrahner Teilgebiet, das wegen seiner alten Buchenurwälder seit 2011 zum **UNESCO-Weltnaturerbe** gehört.

Beide Teile des heutigen Nationalparks waren lange Zeit bevorzugte Jagdreviere – von den Großherzögen von Mecklenburg-Strelitz bis zu den Größen der DDR. Pläne für einen Müritz-Nationalpark gab es schon in den 1950er-Jahren, doch erst 1990 war auch politisch die Zeit für deren Umsetzung reif. Dass einst neben der Jagd auch intensive Forstwirtschaft in dem Gebiet betrieben wurde, sieht man noch heute an den vielen monotonen Kiefernpflanzungen. Wie sich der geschützte Wald künftig entwickeln könnte, zeigt Serrahn. Dort durfte der Wald lange ungestört wachsen – ein urwaldartiger Bestand an Rotbuchen ist das attraktive Resultat. Während der DDR-Zeit wurde der Grundwasserspiegel erheblich abgesenkt, was die Entstehung von Birkenwäldern begünstigte. Mittlerweile wurde der Grundwasserspiegel wieder angehoben, sodass die Birken nun absterben.

Touristisch ist der Nationalpark mit Wander- und Fahrradwegen, Rastplätzen, Aussichtstürmen und Beobachtungsständen gut erschlossen. Mit dem eigenen Auto kommt man allerdings nur bis zu den Nationalparkgrenzen.

Im Sommer gibt es Linienbusse mit Fahrradtransportanhängern, die im Stundentakt von Waren über Federow, Speck, Käflingsberg, Boek und Bolter Kanal bis Rechlin fahren. Zusammen mit den Linienschiffen, die zwischen Waren, Klink, Röbel, Bolter Kanal und Rechlin verkehren, ergeben sich vielfältige Möglichkeiten für Touren (**Müritz-Nationalpark-Ticket**, Ein-, Drei- und Sieben-Tageskarte, http://nationalparkticket.de). Eine weitere Buslinie (dat Bus) dient als Zubringer zum Nationalpark und verkehrt Mo–Fr am Westufer von Neubrandenburg über Waren und Röbel bis Rechlin, Sa/So nur zwischen Neubrandenburg und Röbel (www.pvm-waren.de).

Das größte Informationszentrum für die Nationalparkregion ist das **★★Müritzeum** › **S. 91** in Waren. Weitere Informationszentren (Mai–Okt. geöffnet) befinden sich an den Nationalparkgrenzen in den folgenden Dörfern: Federow, Boek, Groß Dratow, Ankershagen, Blankenförde und Zinow (Serrahn).

Der **Nationalparkservice Müritz** bietet verschiedene geführte Radtouren und Wanderungen an (Damerower Str. 6, 17192 Federow,

Immer am Ufer längs – Wanderer kühlen ihre Füße im Freisnecksee

Tel. 039 91/66 88 49, www.national park-service.de).

Die großen Stars des Nationalparks sind Greifvögel wie See- und Fischadler. Das **Nationalparkzentrum in Federow** liefert spannende Einblicke ins Leben einer Fischadlerfamilie – mittels Liveübertragung aus dem Adlerhorst. Der Saisonhöhepunkt für Ornithologen und Naturfotografen beginnt im September, wenn Zehntausende von Kranichen auf ihrem Weg gen Süden für mehrere Wochen an den Seen Station machen.

Beliebt ist die Tour zum **Müritzhof**, anderthalb Wanderstunden südlich von Federow. Der Landschaftspflegehof betreibt hier eine Gaststätte mit Biergarten (Tel. 039 91/611 54 12, www.mueritz.de/landschaftspflegehof_mueritzhof-18-4-2-31-32-33.html).

Vom Dorf **Boek** am Südrand des Nationalparks bietet sich eine Kutschfahrt zum Wildpark an, in dem Rot-, Dam- und Schwarzwild beheimatet sind (Anmeldung im Gutshof Boek, Tel. 03 98 23/270 88).

Info

Nationalparkamt Müritz
▪ Schlossplatz 3 | 17237 Hohenzieritz
▪ Tel. 03 98 24/25 20
▪ www.nationalpark-mueritz.de
▪ Infozentren an 9 Eingangstoren (Mai– Okt. 9–18, sonst 10–16 Uhr).

Hotels

Nationalparkhotel Kranichrast ●●
Komfortables 3-Sterne-Hotel mitten im Schutzgebiet; mit Radverleih und Wanderwegen direkt vor der Tür.

Die schönsten Naturreservate

▪ Das **Biosphärenreservat Schaalsee** profitierte Jahrzehnte von seiner Abgeschiedenheit im deutsch-deutschen Grenzgebiet, die Natur konnte sich deshalb weitgehend ungestört entwickeln › S. 56.

▪ Auwiesen und Altarme der Elbe prägen die friedliche Flusslandschaft im **Naturpark Mecklenburgisches Elbetal**, der Teil des UNESCO-Biosphärenreservats Flusslandschaft Elbe ist › S. 61.

▪ Der **Naturpark Sternberger Seenland** ist geprägt durch Sander, Urstromtäler, Schmelzwasserseen und Endmoränen. Die größten Seen sind der Große Wariner See, der Große Sternberger See, der Groß Labenzer See und der Neuklostersee › S. 67.

▪ Im **Naturpark Mecklenburgische Schweiz** schwingen sich Hügelketten bis zu einer Höhe von rund 100 m auf, ansonsten ist es eine durch Felder, Sölle, Hecken und uralte Einzelbäume stark gegliederte Kulturlandschaft › S. 81.

▪ Der wald- und wasserreiche **Müritz-Nationalpark** ist für den Autoverkehr gesperrt. Stattdessen bietet er ein gut ausgebautes Wegenetz für Radler und Wanderer, die zum Beobachten von See- und Fischadler das Fernglas nicht vergessen sollten › S. 94.

▪ Deutschlands ältester Buchenwald, Grünflächen, Seen und Kesselmoore machen einen Großteil des **Naturpark Feldberger Seenlandschaft** aus. Adler, Fischotter und Biber fühlen sich hier zu Hause › S. 115.

Restaurant mit regionaler und saisonaler Küche.

- Dorfstr. 15 | 17192 Schwarzenhof
- Tel. 039 91/672 60
- www.nationalparkhotel-kranichrast.de

Camping

Campingplatz Boek
180 Stellplätze für Zelte, Caravans und Wohnmobile am Ostufer der Müritz. Surf- und Segelschule, Sandstrand.

- Tel. 03 98 23/212 61
- www.camping-bolter-ufer.de
- Nov.–März geschl.

*Röbel 15

Am Südwestufer der Müritz hat sich der Röbel (5100 Einw.) zu einem Ferienzentrum entwickelt. Der geschützt in einer Bucht gelegene Hafen wird von einer langen **Promenade** gesäumt, Schiffe verbinden Röbel mit Klink und Waren. Die alten, teils reetgedeckten Bootshäuser, die Jachten sowie der moderne

Schöne Aussichten von Röbels Mühle

Wasserwanderrastplatz tragen zum maritimen Flair der Stadt bei.

Den kleinen Stadtkern in **Alt-Röbel** prägen teils schmucke Fischer- und Fachwerkhäuser, den Markt überragt der Turm der **Marienkirche**. Die dreischiffige Hallenkirche reicht ins 13. Jh. zurück, wurde allerdings später verändert. Der Turm konnte erst Mitte des 19. Jhs. vollendet werden. Auf einem Hügel am Mönchsee kann man Röbels einzige erhaltene und sorgfältig restaurierte **Windmühle** von 1835 bewundern. Im Innern wird die Geschichte der Holländermühle dokumentiert sowie außerdem regionale Kunst ausgestellt (Mai–Okt. tgl. 13–18 Uhr). Sehenswert ist auch die gotische **Nikolaikirche** in Neu-Röbel. Vor allem bei schönem Wetter lohnt es sich, den 58 m hohen Turm zu besteigen, denn der Blick über Röbel und die Müritz ist fantastisch (Tel. 03 99 31/526 85, Mo–Fr 10.30 bis 16.30, Sa 10.30–12.30 Uhr).

Die 1831 errichtete **Synagoge,** ein Fachwerkhaus, versteckt sich in den verwinkelten Gassen von Neu-Röbel. Sie gehört zum **Engelscher Hof,** einer vielfältig genutzten, sozialen und kulturellen Einrichtung. Der Name des Gebäudekomplexes geht auf die jüdische Familie Engel zurück, die über viele Generationen in Röbel lebte. Eine Dauerausstellung informiert über die Juden in Mecklenburg. Außerdem gibt es eine Jugendherberge zum Übernachten (Kleine Stavenstr. 9–11, 17207 Röbel, Tel. 03 99 31/539 44, www.engelscherhof.de, tgl. 9 bis 16 Uhr).

Landmarke für die Müritzschiffer – die Marienkirche in Alt-Röbel

Bei schönem Wetter lockt das **Strandbad »Müritzbad«** mit Sandstrand, Liegewiese und Platz für Fußball, Beachvolleyball, Tischtennis und Schach (Seebadstr. 1, Tel. 03 99 31/878 19).

Wetterunabhängigen Badespaß abseits des Sees garantiert hingegen die **Müritz-Therme** mit Sauna und Wasserrutsche (Am Gotthunskamp 14, Tel. 03 99 31/878 19, www.mueritztherme.de, tgl. 9–21 Uhr, wegen Renovierung voraussichtlich bis August 2014 geschl.).

Der **Konzertsommer in Röbel** umfasst die gesamte Saison von Ende April bis Anfang September und bietet eine bunte Mischung unterschiedlicher Musikrichtungen. Weitere Veranstaltungshöhepunkte im Ort sind das **Matjesfest** Anfang Juni, gefolgt vom **Speckreiten**, einem Pferderennen, das **Hermesfest** der Müritzfischer Anfang Juli sowie das **Seefest** Mitte des Monats.

Info

Tourist-Information
- Straße der Deutschen Einheit 7
- 17207 Röbel
- Tel. 03 99 31/801 14
- www.stadt-roebel.de

Hotels

Landhaus Müritzgarten ●●
Nichtraucherhotel in schöner seenaher Lage. Man wohnt wahlweise im Landhaus, in der Gästevilla oder einem der vier Blockhäuser. Große Liegewiese und Sauna.
- Seebadstr. 45
- Tel. 03 99 31/88 10
- www.landhaus-mueritzgarten. m-vp.de

Hotel Seestern ●●
Hervorragende Lage auf einer kleinen üppig begrünten Halbinsel in der Binnenmüritz. Ruhig gelegen doch nur wenige Minuten vom Zentrum entfernt. Fast alle Zimmer mit Seeblick, am

schönsten sind die mit Balkon im ersten Stock. Eigener Bootssteg, Seeterrasse, Restaurant mit regionaler Küche, Wintergarten.

- Müritzpromenade 12
- Tel. 03 99 31/580 30
- www.hotel-seestern-roebel.de

Hotel Seelust ●●

Etwas abseits in einem Wohngebiet gelegen. 18 Doppelzimmer mit Balkon und direktem Seeblick, weitere Zimmer ohne Seeblick. Restaurant, kleiner Wellnessbereich, Wintergarten, Seeterrasse, kleiner Badestrand, eigene Bootsanlegestelle und Fahrradverleih.

- Seebadstr. 33a
- Tel. 039931/58 30
- www.hotel-seelust.de

Restaurant

Seglerheim ●

Früher hatten hier die Segler ihr Vereinsheim, heute speist man in dem reetgedeckten Haus mit Terrasse am Wasser ganz vorzüglich. Auf der Karte finden sich Fisch-, Fleisch- und Wildgerichte.

- Müritzpromenade 11
- Tel. 03 99 31/591 81
- www.seglerheim.de

Ausflüge von Röbel

Die Scheune

In Bollewick nur 3 km südlich von Röbel, steht die angeblich größte Feldsteinscheune Deutschlands. Jedenfalls sind die Ausmaße beeindruckend: 125 m lang und 34 m breit, 10 000 m² auf drei Etagen. Erbaut wurde die Scheune 1881 von Baron von Langermann zu Erlenkamp und Spitzkuhn – als Stall.

Heute beherbergt sie Werkstätten und Geschäfte mit allerlei Produkten aus der Region und wird zudem für Kulturveranstaltungen, diverse Ausstellungen sowie Flohmärkte genutzt (Dudel 1, 17207 Bollewick, Tel. 03 99 31/520 09, www.die scheune.de, tgl. 10–18 Uhr).

Luftfahrttechnisches Museum Rechlin

In den historischen Gebäuden der Erprobungsstelle der Luftwaffe des Dritten Reichs in Rechlin östlich von Röbel wird die Geschichte des Areals bis 1945 sowie seine anschließende Nutzung durch Rote Armee und NVA dokumentiert. (Am Claassee 1, 17248 Rechlin, Tel. 03 98 23/204 24, www.luftfahrt technisches-museum-rechlin.de, Mai–Okt. tgl. 10–17, Feb.–April Mo–Do 10–16, Fr 10–15 Uhr).

Ziegenhof

Auf dem Weg ins Gebiet der Kleinen Seen lohnt sich nahe der B 198 zwischen Vipperow und Mirow ein Besuch auf dem Ziegenhof. Es macht Spass den eigenwilligen Tieren bei ihren ausgelassenen Sprüngen und Neckereien zuzusehen. Im Hofcafé kann man allerlei Ziegenprodukte verköstigen und, falls man Geschmack daran findet, im Hofladen erwerben. Angeboten werden Ziegenkäse, Ziegenmilch, Ziegenfleisch und Ziegenwurst – und zur Abwechslung andere lokale Erzeugnisse (Feldweg 6a, 17248 Retzow, Tel. 0171/658 20 78, Mitte März bis Mitte Nov. tgl. 10–17, sonst Fr 15 bis 17, Sa, So 9–12 Uhr).

Für Kloster Malchow schuf Friedrich Wilhelm Buttel diese neogotische Backsteinkirche

*Malchow 16

Luftkurort und Inselstadt oder gerne auch »Perle der Mecklenburgischen Seenplatte« – so nennt sich Malchow (6600 Einw.). Durchaus zu Recht, denn der über 750 Jahre alte Ort liegt idyllisch zwischen Petersdorfer und Malchower See. Die hübsche **Altstadt** ist durch einen Erddamm und eine eiserne **Drehbrücke,** die sich jede Stunde für größere Schiffe öffnet, mit dem Festland verbunden. Sehenswert in der Altstadt sind das **Fachwerk-Rathaus** (18. Jh.), das backsteinrote **Amtsgerichtsgebäude** (19. Jh.) sowie das **Standesamt.**

Neben der 1870–73 erbauten **Stadtkirche** auf dem nördlichen Festland (Tel. 03 99 32/141 87, www.stadtkirche-malchow.de) ist in einem früheren Kino, dem Film-Palast, das **DDR-Museum** entstanden. Die Ausstellung widmet sich dem Alltag mit Schulanfang, Jugendweihe, Arbeit und Urlaub (Kirchenstr.

25, Tel. 03 99 32/180 00, www.ddr museum-malchow.de, April–Okt. tgl. 10–17, Nov.–März Di–Do 10 bis 16, Sa/So 13–16 Uhr).

Der Damm führt zum **Kloster Malchow,** das 1298 vom Orden der Büßerinnen der hl. Maria Magdalena aus Röbel gegründet und später von Zisterzienserinnen übernommen wurde. Besonders imposant sind der Kreuzgang und neugotische Klosterkirche, die 1844–1849 unter der Leitung des Neustrelitzer Architekten Friedrich Wilhelm Buttel errichtet wurde. In Kirche und Pfarrhaus beleuchtet das einzigartige **Orgelmuseum** die Geschichte des mecklenburgischen Orgelbaus. Elf Instrumente sind zu bestaunen und zu hören, auf einem dürfen sogar die Besucher spielen. Highlights sind die sonntäglichen Orgelmatineen in Juli und August (Kloster 26, Tel. 03 99 32/125 37, www.orgel-museum-malchow.de, April–Sept. tgl. 10–17, Okt. 10–16, sonst Di–Fr 10–15, Sa/So 11–15 Uhr).

Erst-klassig

Info

Tourist-Information
- An der Drehbrücke | 17213 Malchow
- Tel. 03 99 32/831 86
- www.stadt-malchow.de

Hotel

Hotel am Fleesensee ●●
Direkt am Seeufer, helle, freundliche Zimmer und leichte Küche mit viel Fisch. Nach Zimmern mit Seeblick fragen! Zum Hotel gehören die Ferienappartments »Zur Bleiche«.
- Strandstr. 4 a
- Tel. 03 99 32/16 30
- www.hotel-am-fleesensee.m-vp.de

Restaurant

Lenzer Krug ●
Beliebtes Lokal am Lenzer Kanal zwischen Plauer und Petersdorfer See, mit schöner Terrasse; auf der Karte stehen Fisch, Wild und regionale Spezialitäten.
- Am Lenz
- Tel. 03 99 32/16 70

Ausflug zum *Wisent Reservat

Auf dem Damerower Werder, einer Halbinsel im Kölpinsee zwischen Waren und Malchow, leben seit 1957 Wisente. Heute ist das Reservat Heimat von 40 dieser Urrinder, die bis zu einer Tonne Gewicht auf die Waage bringen. Besonders lohnend ist ein Besuch zu den Fütterungszeiten um 11 und 15 Uhr (Zum Werder 5b, 17194 Jabel/OT Damerow, www.nossentinerheide. wald-mv.de, Ostern–Ende Okt. tgl. 10–18 Uhr).

**Alt Schwerin

Alt Schwerin (550 Einw.) nördlich vom Plauer Sees lohnt vor allem wegen des ungewöhnlichen Agrarhistorischen Museums **Agroneum** einen Besuch. Das Freilichtmuseum bietet Landwirtschaft zum Erleben und Anfassen. Auf dem weitläufigen Gelände veranschaulichen eine funktionstüchtige Holländermühle, Wohnkaten, Seilerei, Sägegatter, Schmiede, Metallwerkstatt, Traktorhalle, Lokschuppen und Flugzeughalle sowie zahlreiche andere Gebäude unterschiedliche Bereiche des Landlebens und des technischen Fortschritts in verschiedenen Epochen. Wer sich für Technik und Landwirtschaft interessiert, sollte viel Zeit mitbringen, denn das außergewöhnliche, spannende Museumskonzept bezieht das ganze Dorf mit ein. So wandert man von der Dorfschule zur Kirche, und vom Herrenhaus zum LPG-Haus, die das Museumsensemble auf dem Freigelände ergänzen, ebenso wie Hof- und Schlachtfeste oder Traktorentreffen (Achter de Isenbahn 1, Tel. 03 99 32/474 50, www.museum-alt-schwerin.de, April–Okt. Di–So 10–17 Uhr, Juni–Aug. tgl. bis 18 Uhr).

Erst-klassig

Hotel

Altes Pfarrhaus ●●
Schmuckes kleines Landhotel mit neun individuell gestalteten Zimmern und einladendem Terrassenlokal mit französisch-mediterraner Küche.
- Kastanienallee 14
- Tel. 03 99 32/827 50
- www.landhotel-altes-pfarrhaus.de

Bei Plau am See schippert man von der Müritz-Elde-Wasserstraße in den Plauer See

Camping

Camping am See
Der Campingplatz erstreckt sich auf einer etwa 1 km langen Wiese am Nordufer des Plauer Sees.
- Tel. 03 99 32/4 20 73
- www.camping-alt-schwerin.de

*Plau am See 18

Der Luftkurort (6000 Einw.) am Westufer des Plauer Sees ist ein guter Ausgangspunkt für Schiffsausflüge auf der Seenplatte. Schöne Fachwerkhäuser umrahmen den **Marktplatz** mit dem Rathaus im Neorenaissance-Stil. Ein wahres Kleinod birgt die frühgotische **Stadtkirche** mit dem spätgotischen Flügelaltar, den reiche Schnitzreliefs zieren. Weitere Attraktionen sind der zylindrische **Burgturm** mit 11 m tiefem Verlies und Burgmuseum (tgl. 10–17 Uhr) sowie die **Haunerledde** (Hühnerleiter) genannte Holzbrücke über die 1650 erstmals erwähnte Elde-Schleuse.

Nahe der Fischergenossenschaft, die beste Räucherware anbietet, steht seit 1916 eine **Hubbrücke,** bei der die Fahrbahn um 1,86 m angehoben werden kann, wenn ein größeres Boot vom See in die Elde schippert. Einen hervorragenden Rundumblick über den Plauer See und die Müritz-Elde-Wasserstraße bietet sich denjenigen Besuchern, die den 13,5 m hohen **Leuchtturm** erklimmen (tgl. 10–18 Uhr).

Info

Tourist-Information
- Marktstr. 20 | 19395 Plau am See
- Tel. 03 87 35/456 78
- www.info-plau.de

Hotel

Parkhotel Klüschenberg ●●
Alter Baumbestand umgibt das 4-Sterne-Hotel mit Feinschmeckerrestaurant und Wellnessbereich.
- Klüschenberg 14
- Tel. 03 87 35/492 10
- www.klueschenberg.de

Kleinseen und Feldberger Seenlandschaft

Das Beste!

- **Dem Zauber ewiger Jugend** im Schlosspark Neustrelitz nachspüren › S. 110
- **In die Vergangenheit eintauchen** im Slawendorf Neustrelitz › S. 111
- **Beim Sonnenuntergang auf der Liebesinsel** in Mirow romantische Minuten genießen › S. 115
- **Mit der Luzinfähre nach Hullerbusch** übersetzen und auf dem Hausmannsberg picknicken › S. 111

Im waldreichen Seengebiet um Neustrelitz und Feldberg geht es äußerst beschaulich zu. Hier kommen aktive Wasserwanderer und ruhesuchende Naturliebhaber voll auf ihre Kosten. Und das Städtchen Neustrelitz überrascht als architektonisches Kleinod.

Ganz im Osten ist das Seengebiet um Neustrelitz und Feldberg eine eigenartige, zauberhafte Welt für sich. Das Gespinst von Seen ist durch zahlreiche Flüsse und Kanäle miteinander verbunden – ein ideales Revier für Wasserwanderer. Wer hier unterwegs ist, kann seinen Blick über Wälder, Äcker und Wiesen schweifen lassen, die sich über die hügelige Landschaft ziehen.

Das unumstrittene kulturelle Highlight ist Neustrelitz. Die ehemalige Residenzstadt des Großherzogtums Mecklenburg-Strelitz gilt als eine der letzten barocken Stadtgründungen Europas und besticht bis heute durch architektonische Eleganz. Hier ist alles, dem damaligen Zeitgeschmack entsprechend, symmetrisch angelegt. Die herzogliche Vergangenheit der Stadt ist auf den ersten Blick am zentralen Marktplatz zu sehen und setzt sich mit dem Schlossgartenensemble fort. Für die meisten klassizistischen Prachtbauten ist der damalige Stararchitekt Friedrich Wilhelm Buttel verantwortlich, der anscheinend bei seinem berühmten Lehrmeister Schinkel viel gelernt hat.

Außerhalb von Neustrelitz geht es an den Seen und in den Wäldern eher beschaulich zu – die Umgebung der Feldberger Seenlandschaft ist geradezu prädestiniert für einen ruhigen, naturnahen Urlaub mit langen Spaziergängen.

Touren in der Region

Tour 10 Seenland-schaften

Tour-Übersicht:

Verlauf: Neustrelitz › Wesenberg › Mirow › Canow › Strasen › Fürstenberg › Lychen › Feldberg

Dauer: 1 Tag; 95 km

Nah am Wasser gebaut – Mirow

Praktische Hinweise:
- Von Feldberg können Fallada-Liebhaber einen Abstecher nach Carwitz ins Fallada-Museum machen.
- In Feldberg bietet sich das »Mecklenburger Fischstübchen« auf Amtswerder für eine Stärkung an (Amtsplatz 33, Tel. 039 31/208 76, www.fischstuebchen-feldberg.de, April–Okt. 11–22 Uhr, Di geschl., sonst Do–Mo 11–15 u. 17–21 Uhr).

Das fürstliche Wäschespülhaus am Zierker See bezaubert mit chinesischer Leichtigkeit

Tour-Start:

Die Strecke führt von der Kleinseenplatte zur Feldberger Seenlandschaft. Die ehemalige herzogliche
Residenzstadt **Neustrelitz** › S. 108
– in weiten Teilen ein Werk des
Stararchitekten Friedrich Wilhelm
 Buttel ist ein architektonisches
Kleinod. Vor allem der Marktplatz
mit den sternförmig abgehenden
Straßen und der Schlosspark lohnen ein längeres Verweilen. Auch
das weiter südlich gelegene **Wesenberg** › S. 113 – das im Schutz einer
Burg gegründet wurde, von der
noch Reste erhalten sind – besitzt
im Zentrum einen von Fachwerkhäusern und klassizistischen Bürgerhäusern schön gerahmten
Marktplatz; dieser ist aber wesentlich kleiner als der von Neustrelitz.
In westlicher Richtung folgt das
»Tor zur Kleinseenplatte« **Mirow**
› S. 114. Besonders sehenswert ist
die romantische **Schlossinsel**. Auf
der Weiterfahrt verlässt man kurz
Mecklenburg-Vorpommern und
fährt durch das brandenburgische
Fürstenberg und Lychen nach **Feld-**

berg › S. 117. Der Hauptort der **Feldberger Seenlandschaft** › S. 115 ist
mit Kurpark, Natur-Fitness-Park,
Stadtmuseum sowie mehreren Hotels und Restaurants gut auf Besucher vorbereitet.

⓫ Um den Zierker See

Tour-Übersicht:

**Verlauf: Neustrelitz › Slawendorf ›
Schlosskoppel › Lindenberg ›
Zierke ›Neustrelitz**

Dauer: 4 Std.; 12 km
Praktische Hinweise:
- Von der Mole des Stadthafens
  Neustrelitz legen Ausflugsschiffe
  ab, hier kann man sich aber auch
  ein Boot mieten und die Seen des
  Müritz-Nationalparks erkunden
  (www.nationalpark-mueritz.de).
- Am Ende der Tour kann man auf
  der sonnigen Terrasse des **Hafencafé im Speicher** riesige Tortenstücke genießen › S. 112.

Tour-Start:

Unter den Seen der Strelitzer Kleinseenplatte gehört der **Zierker See** mit rund 380 ha Fläche zu den größeren Gewässern. Ursprünglich war der See sogar noch größer, doch seit der Gründung von Neustrelitz in der ersten Hälfte des 18. Jhs. wurde sein Wasserspiegel mehrfach abgesenkt. Dadurch entstanden an den Ufern große Röhrichtgebiete, Niedermoore, Feuchtwiesen, Sumpf-

und Bruchwälder. Ausgangspunkt für eine Wanderung oder Radtour um den See bildet der Stadthafen von **Neustrelitz** › S. 108. Große, überwiegend restaurierte Speichergebäude erinnern an die Zeit, als hier noch mit Getreide, Holz und Baustoffen gehandelt wurde. Ein ausgeschilderter Weg führt in Richtung Süden an dem herzoglichen **Wäschespülhaus** im Stil eines chinesischen Pavillons vorbei – ein Werk

Touren in der Region

Tour ⑩   Seenlandschaften
Neustrelitz › Wesenberg › Mirow › Canow › Strasen › Fürstenberg › Lychen › Feldberg

Tour ⑪   Um den Zierker See
Neustrelitz › Slawendorf › Schlosskoppel › Lindenberg › Zierke ›Neustrelitz

Friedrich Wilhelm Buttels. Weiter geht es über das **Slawendorf Neustrelitz** › S. 111 und die **Schlosskoppel** › S. 112 an der ausgedehnten Verlandungszone des Sees entlang. Danach überquert man den Kammerkanal und kommt nach **Lindenberg,** wo man im **Café Prälank** eine Pause einlegen kann. Anschließend bietet sich ein kurzer Abstecher zum **Findlingsgarten** an, von dem es nicht weit zu einer Badestelle am **Großen Prälanksee** ist. Wieder zurück auf dem Rundweg erreicht man dann bald die Niedermoorwiesen zwischen Torwitz und Zierke. Hier lohnt es sich, mit dem Fernglas nach Gänsen, Enten, Kranichen und Fischadlern Ausschau zu halten. **Zierke** ist ein Ortsteil von Neustrelitz mit einer bemerkenswerten neugotischen Dorfkirche, ebenfalls ein Werk Buttels. Es kommt noch mal ein schöner Aussichtspunkt, dann endet die Tour dort, wo sie begonnen hat – am Stadthafen.

Unterwegs in der Region

****Neustrelitz**

Ohne den verheerenden Brand des Jahres 1712 in der Residenzstadt **Strelitz-Alt** würde es die Stadt Neustrelitz höchstwahrscheinlich gar nicht geben. Damals fehlte Herzog Adolf Friedrich III. das Geld für den Wiederaufbau, deshalb entschloss er sich kurzerhand, ganz neu zu beginnen. Also ließ der Herzog ab 1726 sein Jagdschloss am Zierker See zum neuen Residenzschloss umbauen und rief 1733 zur Gründung einer neuen Stadt auf, die **Neustrelitz** heißen sollte. Mittelpunkt wurde ein großer, quadratischer ***Marktplatz** auf einer Anhöhe in unmittelbarer Nähe des Zierker Sees. Der Baumeister des Herzogs, Christoph Julius Löwe aus Braunschweig, plante die Stadt nach italienischem Vorbild und gestaltete das barocke Zentrum um den Markt herum. Von der barocken Stadtbebauung blieb allerdings fast nichts erhalten, denn die meisten der heute repräsentativen Gebäude sind klassizistisch und wurden unter Leitung des Landesbaumeisters Friedrich Wilhelm Buttel (1796–1869) – einem Schüler von Karl Friedrich Schinkel – errichtet.

Bis heute zählt Neustrelitz (20 300 Einw.), die ehemalige Residenz der Herzöge von Mecklenburg-Strelitz, zu den attraktivsten Orten der Region. Das Schloss brannte zwar 1945 aus und wurde abgetragen, aber der Schlossgarten, ein von Peter Joseph Lenné im 19. Jh. zum englischen Landschaftspark erweiterter Barockgarten, lädt nach wie vor zu ausgedehnten Spaziergängen ein.

Erst-klassig

Seit 1995 ist die **Strelitzie** (strelitzia reginae) die Symbolblume der Stadt. Das Rondell für den Kreisverkehr an der Seestraße schmückt eine Skulptur der exotischen Blume

Vom Turm der Stadtkirche auf dem Markt überblickt man ganz Neustrelitz

aus Edelstahl von René Walter. Die 1773 entdeckte Pflanze wurde nach der britischen Königin Sophie Charlotte benannt, die eine geborene von Mecklenburg-Strelitz war.

Um den Marktplatz

Vom quadratischen *Marktplatz – der streng symmetrisch angelegt ist – führen acht Straßen sternförmig weg. Diese Anlage ist einmalig in Europa und steht unter Denkmalschutz. Seit der Neugestaltung 2005 gibt es in der Mitte des Platzes 32 Eschen und ein Wasserspiel mit 36 Fontänen. Trotzdem wirkt der gut 1 ha große Platz mit den wenigen Sitzmöglichkeiten relativ kahl.

An der Nordseite erhebt sich die **Stadtkirche,** eine 1778 erbaute Saalkirche. Der 45 m hohe, vierstöckige Turm im toskanischen Stil wurde 1831 von Baumeister Buttel hinzu-

gefügt und heißt im Volksmund Bodderfatt (Butterfass). Im Sommer kann man den Turm besteigen, von oben bietet sich ein guter Blick auf die Stadt sowie auf den Zierker See (Juli/Aug. Mo 10–17, Di–Fr 10–12 und 15–17 Uhr, sonst Zutritt über den Eine-Welt-Laden Di 15 bis 18, Mi, Do 10–12 und 15–18, Sa 10–12 Uhr).

Als eines der Meisterwerke von Buttel gilt das schöne klassizistische **Rathaus,** das 1841–1843 an der Ostseite des Marktplatzes errichtet wurde. Der zweigeschossige Bau war ein Geschenk des Großherzogs an die Stadt. Nach einem Brand im Jahr 1891 wurde es wieder aufgebaut, 2006 sorgfältig restauriert.

Das Haus am Markt 3 beherbergte früher die Nobelhotels »Fürstenhof« und »Reichshof«. Zu den illustren Gästen zählte unter anderen

Göttliche Pose der ewigen Jugend – der Hebetempel im Schlossgarten Neustrelitz

der Komponist Engelbert Humperdinck. Heute lässt es sich hier gut speisen. In einem der ältesten Häuser (Markt 6/Ecke Schlossstraße) wohnte früher der Neustrelitzer Bürgermeister, heute wird das Haus als Café genutzt.

Schlossgarten und Umgebung

Vom Marktplatz führt die kurze Schlossstraße zum Buttelplatz und zum Schlossgarten. Im ehrwürdigen Prinz-Ernst-Palais ist nun das **Stadtmuseum** untergebracht. Hier werden vor allem die Regionalgeschichte von Mecklenburg-Strelitz sowie die Gründung der Barockstadt beleuchtet (Schlossstr. 3, Tel. 039/81 20 58 74, Mai–Sept. Di–So 11–18, sonst bis 16 Uhr).

Am Ende der Schlossstraße, an der Ecke zur Promenade, steht das **Carolinenpalais,** das Buttel 1850 im Tudorstil für Herzogin Caroline errichtet hat.

Der frühere kleine Paradeplatz wurde in Friedrich-Wilhelm-Buttel-Platz umbenannt. Inmitten der Grünanlage steht ein Denkmal für Großherzog Georg, Bruder der Königin Luise von Preußen, geborene von Mecklenburg-Strelitz.

Beherrschendes Gebäude am Platz ist jedoch die neugotische ***Schlosskirche,** eine einschiffige, kreuzförmige Basilika. Sie wurde 1855–1859 erbaut und gilt als Hauptwerk Buttels in Neustrelitz. Den gelben Backsteinbau schmücken 12 schlanke Türme und eine Fensterrosette. Viele neugotische Verzierungen, Terrakotten, Ornamente und 300 verschiedene Formsteine bestimmen die Fassade. Am westlichen Hauptportal sind die vier Evangelisten zu sehen. Bemerkenswert sind auch einige geschnitzte Balken im Inneren des Saalbaus, der heute für Konzerte und als Skulpturengalerie genutzt wird.

Erst-
klassig

Das **Hirschtor** markiert den früheren Haupteingang zum Tiergarten. Vom Tor gelangt man über den Schlossberg in den **Schlossgarten**. Linker Hand passiert man **Kavalierhaus** und **Landestheater**. Dieses ist überregional bekannt, vor allem durch die alljährlichen Freilichtaufführungen von Operetten bei den Neustrelitzer Schlossgartenfestspielen (www.festspiele-schlossgarten-neustrelitz.de).

Rechter Hand liegen Orangerie und Schlossgarten. Vom Schloss ist nichts erhalten, gut sichtbar ist aber noch die barocke Mittelachse, die zum **Hebetempel** führt. Der offene Rundtempel, eine der ersten Arbeiten Buttels in Neustrelitz, wurde nach dem Vorbild des Erechtheion in Athen gestaltet. In seiner Mitte steht eine Nachbildung der Göttin Hebe, die für ewige Jugend zuständig sein soll.

Die **Orangerie** wurde als Winterquartier für die tropischen Pflanzen im Schlossgarten erbaut. Buttel machte später einen klassizistischen Gartensalon daraus. Die Säle sind in den Landesfarben Blau, Gelb und Rot gehalten und mit antiken Skulpturen geschmückt, die Decken im pompejanischen Stil bemalt.

Neben der Orangerie beginnt die **Götterallee** mit neun Sandsteinskulpturen antiker Gottheiten.

Die **Gedächtnishalle** für Königin Luise von Preußen (1776–1810), geborene Prinzessin von Mecklenburg-Strelitz, befindet sich etwas abseits im Schlossgarten. Ursprünglich stand an dieser Stelle ein achteckiger Holztempel, der 1890 abgerissen und durch den klassizistischen Tempel ersetzt wurde – Vorbild war das Mausoleum im Park von Schloss Charlottenburg in Berlin, die letzte Ruhestätte der Königin.

*Slawendorf Neustrelitz

Direkt am Zierker See wartet ein rekonstruiertes Slawendorf auf Besucher. Vom 7.–12. Jh. besiedelten slawische Stämme Mecklenburg-Vorpommern, woran bis heute zahlreiche Ortsnamen erinnern. Das Slawendorf wird zur Landseite durch einen Palisadenzaun aus Baumstämmen und zum See hin durch einen Flechtzaun begrenzt. An dieser Stelle haben Archäologen zwar keine slawischen Überreste gefunden, das Dorf mit seinen diversen Gebäuden vermittelt aber trotzdem einen historisch korrekten Eindruck. In der Kulthalle informiert eine kleine Ausstellung über die Kultur der Slawen; Töpfer, Schmiede und Kerzenmacher zeigen ihre Handwerkskunst. Zur Stär-

Wehrhaft – Slawendorf Neustrelitz

kung gibt es Brot aus dem Lehmofen, Gegrilltes und eine kräftige Suppe. Mit dem Slawenboot »Nakon« kann man Fahrten auf dem Zierker See unternehmen (Useriner Str. 4, Tel. 039 81/23 75 45, www.slawendorf-neustrelitz.de, Juli/Aug. Mo–Sa 10–17, Mitte April–Juni und Sept./Okt. Mo–Fr 10–17 Uhr).

Schlosskoppel

Vom Markt erreicht man die Schlosskoppel südwestlich des Schlossgartens über Seestraße, Strelitzienskulptur und Useriner Straße. Die Schlosskoppel war ehemals herzogliche Viehweide, dann Landschaftspark, den die junge preußische Königin Luise bei ihren Besuchen in der Heimat als einen ihrer Lieblingsplätze gerne aufgesucht haben soll. Weil die Schlosskoppel lange nicht bewirtschaftet wurde, konnte sich hier geradezu ein Urwald mit Laub- und Nadelbäumen entwickeln, der erst 1995 wieder für Wanderer erschlossen wurde. Am Borkenhäuschen beginnt ein ausgeschilderter, etwa einenhalbstündiger Rundweg.

Info

Touristinformation
▮ Strelitzer Str. 1 | 17235 Neustrelitz
▮ Tel. 039 81/25 31 19
▮ www.neustrelitz.de

Hotels

Öko-Hotel ●
Moderne Holz-Lehm-Häuser auf dem Gelände der alten Kachelofenfabrik in Hafennähe. In der Gaststätte rund um die alten Brennöfen wird Regionales

serviert, in der Fabrikgalerie ist Gegenwartskunst zu sehen, außerdem gibt es zwei Programmkinos, Konzerte und Lesungen.
▮ Sandberg 3 a
▮ Tel. 039 81/20 31 45
▮ www.basiskulturfabrik.de

Hotel Schlossgarten ●●
Kleines Hotel mit 24 Doppelzimmern, zentral, aber ruhig gelegen. Um 1820 errichtetes klassizistisches Wohnhaus des Mecklenburg-Strelitzer Hofadels. Möbliert im Biedermeier-Stil, Abendrestaurant mit Terrasse, Hotelgarten.
▮ Tiergartenstraße 15
▮ Tel. 039 81/245 00
▮ www.hotel-schlossgarten.de

Restaurants

Fürstenhof ●●–●●●
Traditionsreiches Restaurant direkt am historischen Markt von Neustrelitz, mit überdachter Terrasse und Blick auf den Platz. Kreative Küche, die auch nicht davor zurückschreckt, Ungewöhnliches zu kombinieren – z.B. Jakobsmuscheln und Grützwurst.
▮ Markt 3
▮ Tel. 039 81/20 47 74
▮ www.fürstenhof-neustrelitz.de
▮ Di–So 12–15 und ab 18 Uhr

Hafencafé im Speicher ●
Schöne Lage am Stadthafen und am Rundweg um den Zierker See. Alter Speicher perfekt restauriert, auf der Terrasse kann man die Nachmittagssonne genießen. Riesige Tortenstücke aus eigener Herstellung, erlesene Tees und Kaffee aus der eigenen Rösterei. Auch kleine herzhafte Gerichte.
▮ Semmelweisstr. 18B

Holzbrücke über den Kammerkanal, Kanufahrt auf dem Kammerkanal

- Tel. 039 81/26 29 69
- www.hafencafe-neustrelitz.de
- Sommer tgl. 9–21, Winter 10–18 Uhr

Wesenberg 2

Die Kleinstadt (3000 Einw.) rund 15 km südwestlich von Neustrelitz ist Wasserwanderern ein Begriff: Im staatlich anerkannten Erholungsort kreuzen sich die Obere-Havel-Wasserstraße und die Müritz-Havel-Wasserstraße. Zudem liegt Wesenberg an der Deutschen Alleenstraße und ist der südliche Zugang zum Müritz-Nationalpark. Der Ort wurde um 1250 im Schutz einer **Burg** am Woblitzsee gegründet. Vor der Burg stehen Reste des Bergfrieds und der Umfassungsmauern. In der Burg befindet sich heute die Touristeninformation, auch eine Fischereiausstellung wird hier gezeigt. Am ersten Juliwochenende feiern die Wesenberger das traditionelle **Burg-**fest mit Mittelaltermarkt, Umzügen und Ritterkämpfen. In der **Villa Pusteblume**, wenige Schritte von der Burg entfernt, präsentiert ein kleines Museum liebevoll Blechspielzeug und mechanische Instrumente (Sommer Mi–Mo 13–17 Uhr).

Sehenswert ist die Stadtkirche **St. Marien** aus dem 13. Jh., vor der eine mächtige Linde mit 8 m Stammumfang steht. Sie soll etwa 600 Jahre alt sein. Hübsch ist auch der **Marktplatz** mit den Fachwerkhäusern und klassizistischen Bürgerhäusern anzusehen. Für Norddeutschland einmalig ist die überdachte **Holzbrücke** über den Kammerkanal im Stadtteil Ahrensberg.

Info

Touristeninformation Wesenberg
- Burg 1 | 17255 Wesenberg
- Tel. 039 31/206 21
- www.klein-seenplatte.de
- www.wesenberg-mecklenburg.de

Hotel

Appartement Pension Radlhus ●●
Acht Appartements mitten in der Stadt
und trotzdem ruhig, Küchenausstattung
für Selbstverpflegung, auch tageweise
zu mieten.

▪ Mittelstraße 11 | 17255 Wesenberg
▪ Tel. 039 32/264 30
▪ www.radlhus.de

Restaurant

Werlestuben ●
Gutbürgerliche Küche, Fisch und Fleisch
aus der Region, faire Preise, freundlicher
Service.

▪ Mittelstr. 2 | 17255 Wesenberg
▪ Tel. 039 32/268 33
▪ www.werlestuben.de

Mirow 3

Der Luftkurort Mirow (3500 Einw.)
ist das südliche Tor zur Müritz. Zu
jeder vollen Stunde können Wasserwanderer eine mit großen Hubtoren
ausgerüstete Schleuse zwischen Mirower See und Kanal passieren. Der
Kanal führt schließlich in die Müritz. Mirow ging aus einer Nieder-
lassung der Johanniter hervor, später ließen sich hier die Herzöge von
Mecklenburg-Strelitz nieder. Heute
bietet der an einer Durchgangsstra-
ße gelegene Ort keine großen Sehenswürdigkeiten.

Nicht verpassen sollte man aber
den kurzen Abstecher auf die
Schlossinsel. Man erreicht die Insel durch ein **Renaissancetorhaus
(um 1560) und bald darauf Schloss,
Kavalierhaus, Remise und Johanniterkirche, die alle wunderbar in einen Landschaftspark eingebettet
sind. Das **Schloss**, ein Dreiflügelbau
mit prunkvollem barocken Festsaal,
wurde Mitte des 18. Jh. nach Plänen

Verwunschene Wege führen in Mirow von der Schlossinsel auf die Liebesinsel

von Christoph Julius Löwe errrichtet. Das 1758 erbaute Kavalierhaus diente als Wirtschafts- und Küchengebäude. In den Innenräumen wird die historische Erlebnisausstellung **»Auf den Spuren der 3 Königinnen«** gezeigt. Gemeint sind die in Mirow geborenen Sophie Charlotte, Königin von Großbritannien, sowie ihre Nichten, Preußenkönigin Luise und Friederike, Königin von Hannover. Die multimedial und interaktiv gestaltete Ausstellung versetzt Besucher in die Geschichte des Herzogtums Mecklenburg-Strelitz (Tel. 03 98 33/26 99 55, www.3koeniginnen.de, April–Okt. tgl. 10–18, sonst Fr–Mo 10–16 Uhr).

Von Schloss und Kavalierhaus sind es nur wenige Schritte über eine schmiedeeiserne Brücke auf **die kleine romantische Liebesinsel.** *Erst-klassig* Hier befindet sich das Grabmal von Adolph Friedrich VI., dem letzten Großherzog von Mecklenburg-Strelitz, der sich 1918 umbrachte und daher nicht in der Fürstengruft beigesetzt wurde.

Ansonsten fanden die Herzöge in der Fürstengruft an der Nordseite der **Johanniterkirche** ihre letzte Ruhe, auch Adolph Friedrich IV., den Fritz Reuters Roman »Dörchläuchting« bekannt machte. Der Turm der gotischen Kirche (14. Jh.) bietet einen schönen Ausblick.

Info

Touristinformation
- Schlossinsel 2 a (im Kavalierhaus)
- 17252 Mirow
- Tel. 03 98 33/275 67
- www.klein-seenplatte.de

Hotels

Strandhotel Mirow ●
Direkt am Mirow-See in ruhiger Lage, großzügige Zimmer, guter Service.
- Strandstr. 20
- Tel. 03 98 33/220 19
- www.strandhotel-mirow.de

Seehotel Mirow ●●
Gemütliche Zimmer auf der Schlossinsel.
- Schlossinsel 3a
- Tel. 03 98 33/203 46
- www.alte-schlossbrauerei.de

Restaurant

Alte Schlossbrauerei ●
Modern eingerichtetes Restaurant im historischen Gewölbe der ehemaligen Schlossbrauerei, mit Seeterrasse und Hotelbetrieb. Im Eiskeller der Johanniterritter, können Gruppen ein mittelalterliches Spektakel mit Speis und Trank erleben.
- Schlossinsel 3a
- Tel. 03 98 33/203 46
- www.alte-schlossbrauerei.de

Naturpark Feldberger Seenlandschaft 4

Der eiszeitlich geprägte Naturpark erstreckt sich im südöstlichen Bereich der Mecklenburgischen Seenplatte auf einer Fläche von 347 km². Rund 40 % sind von Wald bedeckt, knapp die Hälfte machen Äcker und Grünflächen aus, 8 % sind Binnengewässer. Im Gebiet kommen neben **See- und Fischadler** auch einige der seltenen **Schreiadler** vor. Die sauberen Gewässer bieten außerdem zahlreichen Fischottern und Bibern Lebensraum. Im Sommer kommen viele Besucher zum Radeln, Wandern oder Paddeln in die Region. Neben den Klarwasserseen und Kesselmooren lohnt vor allem Deutschlands ältester Buchenwald, genannt die ***Heiligen Hallen,** einen Besuch. In dem Naturschutzgebiet 4 km westlich vom Ort Feldberg stehen viele riesige Bäume, die teilweise schon mehr als 350 Jahre alt sind und mit ihren schlanken, säulenartigen Stämmen und den wuchtigen Kronen an gotische Kirchen erinnern. Seit mehr als 60 Jahren wird der Wald nicht mehr bewirtschaftet und darf nun urwaldartig wuchern. Ein rund 6 km langer Wanderpfad führt Besucher durch das Schutzgebiet.

Zu einem der schönsten Lehrpfade der Region zählt der »**Naturlehr**pfad Hullerbusch«,** der in zwei bis drei Stunden auch auf den 120 m hohen Hausmannsberg führt, einem wunderschönen Picknickplatz mit Blick über die Seenlandschaft. Den Weg erreicht man am besten von Wittenhagen aus oder über den Schmalen Luzin mit einer der letzten handbetriebenen Seilfähren Europas. Die Luzinfähre verbindet Feldberg mit dem Hullerbusch und Carwitz (www.luzinfaehre.de, Juli/Aug. tgl. Mo–Fr 10–18, Sa/So 9–19, Mai/Juni, Sept. Mo–Fr 10–17, Sa/So 9–18 Uhr zu jeder halben und vollen Stunde).

Ein weiteres Naturschutzgebiet – **Feldberger Hütte** – erstreckt sich nördlich des Haussees und des Breiten Luzins. Die bekanntesten Ausflugsziele sind der Reiherberg, mit 142 m ein schöner Aussichtsberg, und der Schlossberg, auf dem vor

Schwupps, hat der Adler sich den Fischhappen gekrallt

Feldberg – wasserumschlungene Kleinstadt inmitten der Feldberger Seenplatte

über 1000 Jahren eine slawische Burg stand (www.feldberger-seen landschaft.de).

*Feldberg 5

Hauptort der Feldberger Seenlandschaft ist Feldberg (4700 Einw.). Acht Seen umgeben die Kleinstadt. Eine wahre Perle ist der **Schmale Luzin**, mit 59 m der tiefste See Mecklenburg-Vorpommerns.

Feldberg ist ein hervorragender Ausgangspunkt für Boots- und Badeausflüge sowie für Wanderungen in den Naturpark. Im Ort gibt es neben der Naturparkstation eine Touristeninformation. Außerdem lockt der **Kurpark** mit Kneippanlagen, Barfußpfad und Gräserlabyrinth. Ein großer **Natur-Fitness-Park** bietet mehrere Nordic-Walking-Routen und Fitness-Parcours. Als ruhiges, grünes Idyll entpuppt sich die nahe Halbinsel Amtswerder.

Info

Touristinformation

▮ Strelitzer Str. 42 | 17258 Feldberg
▮ Tel. 03 98 31/27 00
▮ www.feldberger-seenlandschaft.de

SEITENBLICK
Fotosafari

Alle interessanten Stellen im Naturpark der Feldberger Seenlandschaft kennen Fred Bollmann von **Ranger-Tours** und Markus Botzek, Mitglied der Gesellschaft Deutscher **Tierfotografen.** Sie bieten Tagesexkursionen in kleinen Gruppen an – mit Picknick, Bootsrundfahrten auf dem Schmalen Luzin, Adlerbeobachtungen, Kanu-Safaris über die Feldberger Seen. Für ambitionierte Naturfotografen werden mehrtägige Workshops mit Übernachtung im Alten Zollhaus angeboten (Ranger-Tours, Erfurthstr. 7, 17258 Feldberger Seenlandschaft, www.ranger-tours.de).

Hotels

Historisches Drostenhaus ●●

10 freundliche Nichtraucher-Appartements auf einer kleinen Halbinsel im Feldberger Haussee. Direkter Zugang zum See, mit Badestelle, Sauna, Fahrrad- und Bootsverleih.

- Amtsplatz 4
- Tel. 03 98 31/527 90
- www.drostenhaus.de

Altes Zollhaus am Luzinsee ●●

Schöne Lage am Wasser, Einrichtung im gehobenen Landhausstil, 36 Zimmer, überwiegend eineinhalbgeschossige Maisonetten. Im Preis inbegriffen ist die Benutzung des Saunahauses direkt am See. Beliebtes Lokal mit herrlicher Seeterrasse.

- Am Erddamm 31
- Tel. 03 98 31/500
- www.romantik-am-see.de

Haus Seenland ●—●●

Acht Appartements mit Balkon und Seeblick, puristische Einrichtung im Landhausstil. Großer Garten mit alten Bäumen, Seeterrasse, Café im Hof, Restaurant im historischen Gewölbekeller. Im Sommer werden Hofkonzerte veranstaltet.

- Strelitzer Str. 4
- Tel. 039 31/22 22
- www.haus-seenland.de

Camping

Campingplatz am Bauernhof

4-Sterne-Platz zwischen Haussee und Breitem Luzin. Auf dem Bauernhof nebenan können Kinder die Haustiere streicheln und füttern. Im Herbst und Frühjahr rasten die Kraniche auf dem Feld gegenüber. Wer weder Zelt noch Wohnwagen oder Wohnmobil hat, kann Ferienhaus oder -wohnung mieten.

- Hof Eichholz 1-8
- Tel. 039 831/210 84
- www.camping-am-bauernhof.m-vp.de

Restaurants

Mecklenburger Fischstübchen ●

Frischen Fisch aus den Gewässern der Umgebung kann man – gebraten, gekocht oder geräuchert – im Sommer auch draußen genießen (Nov.–März Di/Mi geschl.).

- Amtsplatz 33
- Tel. 039 31/208 76
- www.fischerstuebchen-feldberg.de

Zum Wildschwein ●

Kleine Speisekarte, aber alles frisch zubereitet, natürlich gibt es auch Wildschweinragout und -braten. Jeden letzten Samstag im Monat kann man ab 10 Uhr mit einem Experten auf Pilz- und Kräuterwanderung gehen. Wenn die Ausbeute gut war, kann man sich die Köstlichkeiten im Restaurant zubereiten lassen (April–Sept. Di geschl., sonst Di/Mi geschl.).

Erst-klassig

- Zansenweg 7 | Wittenhagen
- Tel. 03 98 31/22 20 48
- www.zumwildschwein.de

*Carwitz ⑥

Im malerischen Fischerdorf 6 km südlich von Feldberg sind Seeblicke kaum vermeidbar. Der Schriftsteller Hans Fallada (1893–1947) alias Rudolf Ditzen erwarb 1933 ein Landhaus am Carwitzer See und hatte hier bis 1944 seine schöpferischste Phase. Heute zeigt das **Hans-Fallada-Museum** im Wohnhaus Briefe, Ma-

Am Carwitzer See – Hans Fallada schrieb hier »Wer einmal aus dem Blechnapf frisst«

nuskripte und Familienfotos (Bohnenwerder 2, Tel. 03 98 31/203 59, www.fallada.de, April–Okt. Di–So 10–17, sonst Di–So 13–16 Uhr).

Hotel

Hotel Hullerbusch ●●

Erst- klassig Kleines Hotel mit Charme in einer Villa von 1905, in Alleinlage auf einem Bergrücken zwischen den beiden Seen Schmaler Luzin und Zansen, im Naturschutzgebiet.

▪ Hullerbusch 12 | Carwitz
▪ 17258 Feldberger Seenlandschaft
▪ Tel. 03 98 31/202 43
▪ www.hotel-hullerbusch.de

Camping

Campingplatz Am Carwitzer See

Teilweise terrassenförmig angelegte Stellplätze direkt am Carwitzer See, Badestelle mit Liegewiese.

▪ Carwitzer Str. 80
▪ Tel. 039 31/211 60
▪ www.campingplatz-carwitz.de

Ausflug von Carwitz

*Kunsthandwerkerhof Thomsdorf

Auf einem Dreiseitenhof zwischen den Naturparks Feldberger Seenlandschaft und Uckermärkische Seen siedelten sich Ende der 1990er-Jahre Künstler und Kunsthandwerker an. Gegenwärtig arbeiten elf in den Ateliers und Werkstätten hier (unterschiedliche Öffnungszeiten). Man kann schauen und kaufen. Es gibt Wolle, Filz, Malerei, Grafik, Keramik, Schmiedearbeiten, Bilderrahmen, Möbel und Glasarbeiten. In der Kantinenwirtschaft, einem gemütlichen Café und Restaurant, werden selbstgebackener Kuchen und kleine Gerichte serviert (Thomsdorf 36a, Boitzenburger Land, Tel. 03 98 89/862 41, www.kunsthandwerkerhof-thomsdorf.de, Mai–Okt. tgl. 12–19 Uhr, Di geschl., sonst Fr–So 12–18 Uhr).

Neubrandenburg und Vorpommerns Hinterland

Das Beste!

- **Mit dem Fahrrad** den Tollensesee umrunden › S. 130
- **Das Gruseln lernen** im Penzliner Museum für Alltagsmagie und Hexenverfolgung › S. 131
- **Zur Rosenblüte** durch den Garten von Marihn schlendern › S. 132
- **Die historischen Windmühlen** von Woldegk bewundern › S. 135
- **Im ausrangierten DDR-Regierungszug** in Pasewalk nächtigen › S. 137

Der Nordosten Mecklenburg-Vorpommerns ist nicht mehr so wassereich, aber mittelalterlich geprägte Städtchen wie Neubrandenburg, Pasewalk und Friedland bezirzen Kulturfreunde mit gotischen Backsteinbauten und spannenden Museen.

Neubrandenburg am Tollensee ist das wirtschaftliche und kulturelle Zentrum im Nordosten. Die Stadt gehört wegen ihrer Wehranlagen, des Franziskanerklosters und der Marienkirche zu Recht zur Europäischen Route der Backsteingotik. Doch zwischen diese mittelalterlichen Relikte drängen sich viele Nachkriegbauten, die man nur mit viel gutem Willen noch als »nüchtern« bezeichnen kann. So ist vom einstigen »Rothenburg des Nordens« nicht mehr viel übrig geblieben. Nichts geändert hat sich hingegen an der schönen Lage am Tollensee, dem größten See der Region. Bei einer Fahrt übers Land

merkt man deutlich, dass man sich hier bereits im Randgebiet der Mecklenburgischen Seenplatte befindet, denn in die grüne, leicht wellige Landschaft sind nur noch vereinzelt Gewässer eingestreut.

Die touristischen Schwerpunkte liegen alle in der Nähe von Neubrandenburg und dem Tollensee. Als Erstes natürlich Burg Stargard, eine mittelalterliche Höhenburg aus rotem Backstein – wie aus dem Bilderbuch. Auch das frühklassizistische Schloss Hohenzieritz mit der Luisen-Gedenkstätte, das Städtchen Penzlin und das Heinrich-Schliemann-Museum in Ankershagen lohnen den Besuch.

Tour in der Region

Radtour: Um den Tollensee

Tour-Übersicht:

Verlauf: Neubrandenburg › Augustabad › Behms Höhe › Klein Nemerow › Groß Nemerow › Jagdschloss Prillwitz › Alt Rehse › Broda › Neubrandenburg

Fern von Troja – Schliemann-Museum

Dauer: 1 Tag; 37 km
Praktische Hinweise:

▪ Mit ein wenig Kondition ist es eine schöne Tagestour auf teils geschotterten, teils asphaltierten Wegen, die auf und ab führen, mal geht es direkt am See entlang, dann wieder durch den Wald.

▪ Wer keine Lust mehr aufs Radeln hat, kann beim Jagdschloss Prillwitz ein Schiff zurück nach Neubrandenburg nehmen.

Tour-Start:

Startpunkt der ausgeschilderten Tour in **Neubrandenburg › S. 123** ist das große Fahrrad neben der Brücke über den Oberbach zum Kulturpark. Wer im Uhrzeigersinn fährt, kommt bald am Jachthafen und am Badestrand **Augustabad** (Augusta's Seerestaurant und Café) vorbei. Hier kann man schon eine erste Pause machen. Anschließend radelt man durch den Wald des Nemerower Holzes zunächst bis zum Aus-

sichtsturm **Behms Höhe**, den man unbedingt erklimmen sollte, denn von oben genießt man einen weiten Blick über Stadt, See und Wald. Dann schwingt man sich wieder auf das Rad und nach kurzer Zeit erreicht man **Klein Nemerow**. Auch hier gibt es einen Badestrand sowie eine Anlegestelle für Ausflugsschiffe. Weiter geht es über **Groß Nemerow** bergauf, bergab nach **Usadel**. Durch die Wiesen und Wälder am **Tollensesee › S. 130** radelt man zum

Tour in der Region

Tour ⑫ Radtour: Um den Tollensesee

Neubrandenburg › Augustabad › Behms Höhe › Klein Nemerow › Groß Nemerow › Jagd-schloss Prillwitz › Alt Rehse › Broda › Neubrandenburg

Jagdschloss Prillwitz › S. 130, wo sich einmal mehr die Gelegenheit zum Baden bietet. Es folgt **Alt Rehse** › S. 131, das wegen seiner reetgedeckten Fachwerkhäuser und dem Gutshof mit Landschaftspark einen Halt wert ist. Oder doch lieber eine Pause am Campingplatz Gatsch Eck und einem bei den Neubrandenburgern beliebtem FKK-Strand? Die nächste Gelegenheit bietet der Badestrand in **Broda**. Dann ist es nicht mehr weit bis zum Start- und Zielpunkt der Tour.

Wiekhäuser wachen über Neubrandenburg

Unterwegs in der Region

*Neubrandenburg 1

Die mit etwa 64 000 Einwohnern drittgrößte Stadt Mecklenburg-Vorpommerns wurde 1248 mit rechtwinkligem Straßenraster gegründet, das bis heute erhalten geblieben ist. Im 14. Jh. begann man mit dem Bau der Stadtbefestigung. Die fast kreisrunde Ansiedlung erhielt eine Mauer mit Toren und *Wiekhäusern. Von den ursprünglich 58 Wiekhäusern entlang Mauer konnte man seit den 1980er-Jahren nahezu die Hälfte rekonstruieren. Diese mehrgeschossigen Fachwerkhäuser sind in die Stadtmauer eingelassen und überragen sie ein gutes Stück. Durch Schießscharten und von einer mit Zinnen bewehrten Dachplattform konnte der Feind beschossen werden. Nach dem Dreißigjährigen Krieg allerdings verloren diese Verteidigungsbauten als Teil der Wehranlage aufgrund der weiterentwickelten Kriegstechnik ihren Sinn.

Bis zum Zweiten Weltkrieg galt Neubrandenburg als »Rothenburg des Nordens«. Doch noch kurz vor Kriegsende wurden mehr als 80 % der Bebauung aus dem 18. Jh., darunter auch das großherzogliche Palais und das Rathaus, durch die Sowjetarmee zerstört. Der eilige Wiederaufbau in der Nachkriegszeit orientierte sich nur locker an den historischen Vorbildern und veränderte das Altstadtbild komplett. Und um den Stadtkern herum dominieren Plattenbausiedlungen. Dennoch zeugen einige Sehenswürdigkeiten von der alten Schönheit der Stadt. So sind die erhaltenen Stadttore wahre Meisterwerke der Backsteingotik. Wegen ihnen wird Neubrandenburg auch gerne die »Stadt der vier Tore« genannt.

*Die vier Stadttore

Alle vier Tore, die im 14./15. Jh. erbaut wurden, sind herrliche Beispiele der Backsteingotik. Das **Friedländer Tor** Ⓐ im Nordosten der Stadtbefestigung ist der älteste und am besten erhaltene Durchlass. Seinen Namen erhielt das Tor von der Ausfallstraße, die nach Friedland führt. Zur Feldseite zeigt es sich im romanischen Stil, während sich die Stadtseite gotisch präsentiert. Das nicht so reich geschmückte Vortor

wurde um etwa 1470 errichtet und ist durch Mauern mit dem Haupttor verbunden. Die Fachwerkhäuser zwischen den beiden Toren sind die ehemaligen Torschreiber- bzw. Zoll- und Zingelwärterhäuser; heute beherbergen sie das **Torcafé** (Mo bis Do 11.30–23, Fr 11.30–24, Sa 14 bis 24, So 14–18 Uhr) und das Neubrandenburger Standesamt.

Geht man im Uhrzeigersinn an der Stadtmauer entlang, erreicht man bald das **Neue Tor** Ⓑ. Der

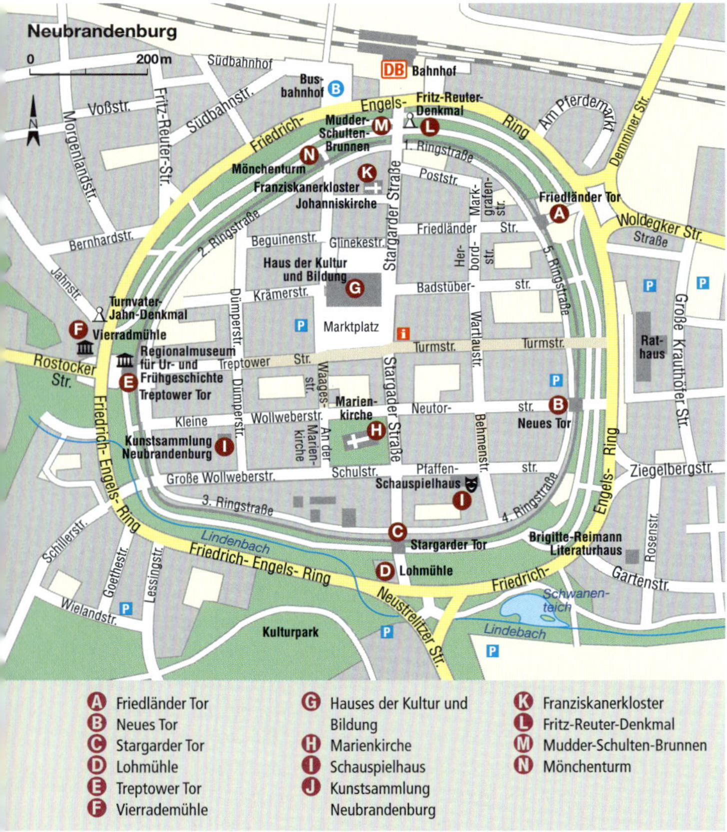

Ⓐ	Friedländer Tor	Ⓖ	Hauses der Kultur und Bildung	Ⓚ	Franziskanerkloster
Ⓑ	Neues Tor			Ⓛ	Fritz-Reuter-Denkmal
Ⓒ	Stargarder Tor	Ⓗ	Marienkirche	Ⓜ	Mudder-Schulten-Brunnen
Ⓓ	Lohmühle	Ⓘ	Schauspielhaus	Ⓝ	Mönchenturm
Ⓔ	Treptower Tor	Ⓙ	Kunstsammlung		
Ⓕ	Vierrademühle		Neubrandenburg		

Die europäische Route der Backsteingotik führt selbstverständlich durch das Treptower Tor

Name ist durchaus zutreffend, denn immerhin ist es das jüngste Stadttor. Auch dieser Durchlass bestand früher aus Vor- und Haupttor, doch das Vortor wurde Mitte des 19. Jhs. abgerissen. An der Stadtseite des Haupttores finden sich acht Terrakottafiguren, die mit ihren ausgebreiteten, erhobenen Händen die Stadt zu segnen scheinen. Ob es sich bei diesen Adoranten um Engel oder Ratsherren handelt, ist nicht überliefert, so bleibt auch ihre Bedeutung rätselhaft. Im Innern des Tores hat die **Fritz-Reuter-Gesellschaft** ihren Sitz, die hier eine Ausstellung über den bedeutenden Dichter und Schriftsteller der niederdeutschen Sprache eingerichtet hat (Mo–Fr 9–16.30 Uhr).

Wer ein Stück weiter im Uhrzeigersinn geht, erreicht das **Stargarder Tor** Ⓒ, das den Ausgang nach Süden bildet. Anfang des 14. Jhs. wurden das 24 m hohe Haupttor und das nur wenige Meter niedrigere Vortor errichtet und durch Mauern miteinander verbunden. Bei diesem Stadttor ist die Außenseite besonders kunstvoll geschmückt. Südlich vom Tor steht die **Lohmühle** Ⓓ, die inzwischen als Gaststätte dient. Wer mag, kann im Sommer auch im Biergarten sitzen (Gasthaus »Zur Lohmühle«, Tel. 03 95/544 28 43, Mo–Sa 11.30–24, So bis 14 Uhr).

Den Durchbruch nach Westen bildet das **Treptower Tor** Ⓔ, es ist mit rund 32 m das höchste und zugleich schönste der vier Stadttore. Es überragt das Vortor auf der Feldseite um das Doppelte, aber schon dieses gewährte den Verteidigern eine weite Sicht in die Landschaft. Das um 1400 errichtete Bauwerk gilt wegen seiner filigranen Verzierungen als Meisterwerk der Backsteingotik. Der Zwinger ist kleiner als bei den anderen Toren, in die südliche Zwingermauer wurde im 18. Jh. ein Fachwerkhaus für die Torwächter und den Steuereinnehmer eingebaut. Heute beherbergt das Treptower Tor das 1872 gegründete **Regionalmuseum für Ur- und Frühgeschichte**. Die Besucher werden durch die vier Geschosse des Tors geführt und erfahren dabei alles über die Anfänge Neubrandenburgs, von der ersten Besiedlung über Stein-, Eisen- und Bronzezeit bis zu Germanen und Slawen. Ganz oben, in der fünften Etage, widmet sich eine Ausstellung dem sagenhaften slawischen Heiligtum Rethra, das viele im Brandenburger Land vermuten. Aber nicht nur die Exponate, auch die spätmittelalterlichen Räume des Museums sind es wert, genauer in Augenschein genommen zu werden (Tel. 03 95/555 12 70, www.museum-neubrandenburg.de, Di–So 10–17 Uhr).

Jenseits der Mauer befindet sich die **Vierrademühle** 🅕, die erstmals 1271 erwähnt wurde. In dem denkmalgeschützten Gebäudekomplex befinden sich heute – nach umfangreichen Sanierungen – Wohnungen, Geschäfts- und Büroräume sowie gastronomische und kulturelle Einrichtungen.

Sehenswertes innerhalb der Stadtmauer

Wer sich einen Überblick über die Stadt innerhalb des Mauerrings verschaffen möchte, erklimme am besten die Plattform des 55 m hohen **Hauses der Kultur und Bildung** 🅖. Aus der Vogelperspektive ist zu erkennen, dass der gesamte 2300 m lange und bis zu 7,5 m hohe Mauerring um die Altstadt zusammen mit den beiden Wällen und Gräben eine der besterhaltenen mittelalterlichen Befestigungen im Stil der Backsteingotik bildet.

Meisterliche Backsteingotik – der reich verzierte Ostgiebel der Marienkirche

Südlich vom Marktplatz grüßt die reich geschmückte gotische **Marienkirche** , die Ende des 13. Jhs. geweiht wurde. Insbesondere wegen der Ziegelreliefs am Ostgiebel gilt

sie als gestalterischer Höhepunkt der norddeutschen Backsteingotik und hat ihren Platz an der »Europäischen Route der Backsteingotik« voll verdient. 1676 wurden Teile der Kirche zerstört, 1945 brannte sie vollständig aus. Bei der Rekonstruktion (1996–2001) wurde die Marienkirche im Innern faszinierend modern umgestaltet – preisgekrönter Architekt ist der Finne Pekka Salminen. Bei der Wiedereröffnung erfolgte dann die Umbenennung zur **Konzertkirche Neubrandenburg.** Seither dient sie als Stammspielstätte der Neubrandenburger Philharmonie und Spielort der Festspiele Mecklenburg-Vorpommern, außerdem findet hier das alljährliche Jugendorchesterfestival statt. Nicht versäumen sollte man auch einen Besuch der Dauerausstellung »Wege zur Backsteingotik – In Neubrandenburg zur Wehr und Zier«, die Multivisionsschau »Das historische Neubrandenburg« und einen Blick vom Turm (Infos und Tickets, Stargarder Str. 17, Tel. 03 95/559 51 27, www.konzertkirche-nb.de, Besichtigung nur an veranstaltungsfreien Tagen 10–17 Uhr).

Zum nahen **Schauspielhaus**  gehört neben dem modernen Glasfoyer ein Fachwerkhaus, das Ende des 18. Jhs. datiert. Die historische Bühne in diesem Gebäude gilt als eine der ältesten Mecklenburgs und gehört zur »Gesellschaft der histori-

Beliebter Musikfestspielort – Konzertkirche

schen Theater Europas«. In dem Saal, in dem knapp 200 Zuschauer Platz finden, werden vor allem Schauspiele und Musiktheaterinszenierungen gezeigt (Pfaffenstr. 22, Tel. 03 95/569 98 32, www.theater-und-orchester.de, Tickets: Di–Fr 10–13 und 13.30–17 Uhr).

Die **Kunstsammlung Neubrandenburg** , die in einem alten Fachwerkgebäude untergebracht ist, versteht sich als Gegenwartsmuseum, das vor allem nord- und ostdeutsche Künstler in Szene setzt, auch wenn sie noch nicht den ganz großen Namen haben (Wollweberstr. 24, Tel. 03 95/555 12 90, www.kunst sammlung-neubrandenburg.de, Di–So 10–17 Uhr).

Das um 1260 gegründete **Franziskanerkloster**  im Norden der Altstadt existierte bis zur Reformation. Von der weitläufigen Anlage blieben nur die Klosterkirche St. Johannis, der Nord- und Westflügel sowie Teile des Ostflügels erhalten. Bei den aufwendigen Restaurierungsarbeiten der letzten Jahre wurden in

Die imposantesten Backstein-bauten

- Der **Dom in Schwerin** ist eine hoch-gotische Backsteinbasilika nach fran-zösischem Vorbild mit schlankem, neugotischem Turm aus dem 19. Jh. Das Innere birgt kostbare mittelalter-liche Kunstwerke › **S. 48**.

- Der **Güstrower Dom** entstand am Übergang von der Romanik zur Gotik. Sehenswert im Innern: Flügel-altar, Taufbecken, Triumphkreuz, das Herzog-Ulrich-Monument und Bar-lachs »Schwebender« › **S. 73**.

- Das **Kloster Dobbertin** ist schon aus der Ferne an seinen Türmen zu erkennen. Im 14. Jh. als Benediktiner-konvent erbaut, wurde der Komplex Mitte des 19. Jhs. von Schinkel um-gebaut › **S. 77**.

- Die **Schlosskirche** von Neustrelitz ist eine einschiffige, kreuzförmige Basilika. Der neugotische Backstein-bau – das Hauptwerk des Baumeis-ters Friedrich Wilhelm Buttel – schmückt sich mit 11 Türmen und Fensterrose. Verwendet wurden übri-gens nicht die typischen roten, son-dern gelbe Backsteine › **S. 110**.

- Die im 13. Jh. erbaute **Marienkirche** – heute Konzertkirche – von Neu-brandenburg, gilt vor allem wegen des reich verzierten Ostgiebels als Meisterwerk der norddeutschen Backsteingotik › **S. 127**.

- Die **Burg Stargard** mit ihren massi-ven Backsteinmauern und dem hoch aufragenden Bergfried thront seit dem 13. Jh. über dem gleichnamigen Ort und ist damit die älteste Burgan-lage Norddeutschlands › **S. 134**.

der Nähe des Klosters Spuren der Markgräflichen Residenz aus dem 13. Jh. entdeckt. Im ehemaligen Re-fektorium werden diese und andere interessante Grabungsfunde seit 2013 in einer **Ausstellung zur Stadt-und Klostergeschichte** präsentiert. Aber größte Attraktion ist und bleibt die mittelalterliche Architek-tur selbst (Di–So 10–17 Uhr).

Richtung Bahnhof, nur wenige Schritte von St. Johannis, erinnert das **Fritz-Reuter-Denkmal** an den niederdeutschen Dichter Fritz Reu-ter (1810–1874), der sieben Jahre in Neubrandenburg gelebt und hier viele seiner Werke geschrieben hat. Der auf einem Granitsockel thro-nende Reuter blickt hinüber zum **Mudder-Schulten-Brunnen**. Den Brunnen schmücken Herzog Adolf Friedrich IV. von Mecklenburg-Strelitz und die Bäckersfrau Mud-der Schulten, die beide in Reuters Werk »Dörchläuchting« (1866) eine Rolle spielen.

Geht man vom Brunnen aus Richtung Westen, gelangt man zum **Mönchenturm**, einem runden Backsteinbau, der ab dem 15. Jh. als Wehrturm diente.

Info

Stadtinfo Neubrandenburg

- Stargarder Str. 17
- 17033 Neubrandenburg
- Tel. 03 95/194 33
- www.neubrandenburg-touristinfo.de

Hotels

Hotel-Restaurant Sankt Georg ●–●●

Modern eingerichtete Zimmer in einem denkmalgeschützen Haus, Restaurant mit Biergarten und Mecklenburger Spezialitäten.

- Sankt-Georg-Str. 6
- Tel. 03 95/544 37 88
- www.hotel-sankt-georg.de

Parkhotel ●●
Großes und komfortables 3-Sterne-Hotel direkt am Kulturpark mit schönem Blick auf die Stadt.

- Windbergsweg 4
- Tel. 03 95/559 00
- www.parkhotel-nb.de

Wiekhaus 28 ●●
Ferienhaus in historischem Ambiente für vier Personen. Das Fachwerkhaus, ein sogenanntes Wiekhaus, ist in die Stadtmauer eingegliedert. Die voll ausgestattete Ferienwohnung gehört zum Hotel Weinert (Ziegelbergstr. 23) mit 18 Zimmern in einem schlichten Neubau.

- 3. Ringstr.
- Tel. 03 95/58 12 30
- www.hotel-weinert.de

Restaurants

Wiekhaus 45 ●
Winzige, urgemütliche Gaststube in einem der Wiekhäuser, den historischen Fachwerkhäusern direkt in der Stadtmauer, einige Tische stehen auch draußen; serviert wird Hausmannskost.

- 4. Ringstr./Ecke Pfaffenstr.
- Tel. 03 95/566 77 62
- Tgl. ab 11 Uhr

Kornhus Neubrandenburg ●
Auch von Einheimischen vielbesuchtes Café in der alten Vierrademühle. Rustikale Inneneinrichtung, besonders großes Frühstücksangebot, außerdem kleine herzhafte Gerichte. Spezialität ist das Holzofenbrot, das durch Fichtenholz im Backofen sein ganz besonders kräftiges Aroma erhält.

- Jahnstr. 3a
- Tel. 03 95/555 31 01
- www.demaekelboerger.de
- Tgl. 7–20 Uhr

Neubrandenburg hat Fritz Reuter auf den Sockel gehoben und mit ihm das Plattdeutsche

*Tollensee 2

Von Neubrandenburg führt ein wunderschöner Spaziergang durch den Kulturpark zum etwa 11 km langen und 2 km breiten ***Tollensee**. Rund um den See, der zum Baden, Tauchen, Segeln und Surfen einlädt, erstreckt sich das **Landschaftsschutzgebiet Tollensebecken**.

Zwischen der B 192 und der B 104 nahe der Eigenheimsiedlung Broda erstreckt sich außerdem der 40 ha große **Landschaftsgarten Brodaer Teiche**. Das Naherholungsgebiet in einem eiszeitlichen Erosionstal mit dem abwechslungsreichen Gelände umfasst einen Findlingsgarten, einen Schmetterlings- und Bienengarten, die Brodaer Teiche und eine Obstwiese.

1823 ließ sich die Großherzogin von Mecklenburg-Strelitz durch ihren Baumeister Friedrich Wilhelm Buttel auf einem Hügel am nordwestlichen Steilufer des Tollensees einen kleinen dorischen Tempel als Teehäuschen bauen. 1934 wurde der Tempel in Broda zu einem Denkmal für die Gefallenen des Ersten Weltkrieges umgewandelt. Inzwischen wird das restaurierte Gebäude für Kulturveranstaltungen und Konzerte genutzt. Aber auch ohne Veranstaltung lohnt der kleine Spaziergang zum **Belvedere von Broda,** denn es bietet sich ein schöner Blick über den See.

Hotels/Restaurants

Badehaus ●

Haus direkt am See, angenehme, farbenfrohe Zimmer oft mit Balkon und Seeblick. Restaurant mit Biergarten. Kleine Speisekarte mit vorzüglichen regionalen Gerichten. Badesteg in der Nähe.
- Parkstraße 3-4
- Tel. 0395/571 92 40
- www.badehaus-am-see.de
- Restaurant: April–Sept. tgl. 11–22, Okt.–März Mo 17–22, Di–Sa 11.30–22, So 11.30–17 Uhr

Jagdschloss Prillwitz ●●

Das um 1890 von Großherzog Friedrich Wilhelm von Mecklenburg-Strelitz erbaute Schlösschen liegt im Naturschutzgebiet Nonnenhof an den Ufern der Lieps. Man wohnt und speist in einem von der Jagd geprägten Ambiente.
- Prillwitz 8 | 17237 Hohenzieritz
- Tel. 03 98 24/203 45
- www.jagdschloss-prillwitz.de

Campingplatz

Gatsch Eck

Einziger Campingplatz am Tollensee mit Stellplätzen direkt am Wasser und tollem Blick über den See. Badestrand und Bootsanlegeplätze.
- 17039 Wulkenzin
- Tel. 03 95/566 51 52
- www.camping-gatsch-eck.de
- Vom 1.4.–31.10. geöffnet

Penzlin 3

Das ruhige Städtchen Penzlin (4000 Einw.) besitzt eine frühgotische Kirche mit niedrigem Turm und als größte Sehenswürdigkeit die **Alte Burg,** die um 1300 erbaut wurde und ihr heutiges Aussehen im 16. Jh. erhielt. Sie bildet mit dem slawischen Wall, dem Burggarten und der alten Stadtmauer eine ge-

Faszination des Grauens im Penzliner Museum für Alltagsmagie und Hexenverfolgung

schlossene Anlage. In der Burg ist das ***Museum für Alltagsmagie und Hexenverfolgung** untergebracht, das ein sehr düsteres Kapitel der Geschichte beleuchtet. Die Folterinstrumente im Keller sind furchterregend, obwohl es sich dabei nur um Nachbildungen handelt. Fast 4000 Hexenprozesse sind zwischen 1336 und der letzten Anklage 1777 in Mecklenburg dokumentiert. Damit zählte Mecklenburg zu den Hochburgen der europäischen Hexenjagd. Mindestens 2000 Menschen kamen während der Verfolgungen ums Leben, vier davon bei Verbrennungen auf der Alten Burg Penzlin. Im unterirdischen Verlies sind noch die Wandnischen erhalten, in denen die vermeintlichen Hexen angekettet waren – ohne Bodenkontakt, um zu verhindern, dass die Hexen ihre Kraft aus der Erde und vom Teufel bezogen. Gegen den »Bösen Blick« sollten dicke Holztüren schützen. Im Rittersaal, der heute als Standes-

amt und für kulturelle Veranstaltungen genutzt wird, fanden früher die Hexenprozesse statt. Waren die Angeklagten nicht geständig, kamen sie in den Folterkeller. Heute feiert man auf der Alten Burg am 30. April die Walpurgisnacht und am vorletzten Augustwochenende das Burgfest (Tel. 39 62/21 04 94, Mai bis Sept. tgl. 10–18, April 10–16, Okt. 10–17, sonst Mo–Fr 10–15, Sa/So 13–16 Uhr).

*Alt Rehse 4

Das Dorf – ein Stadtteil von Penzlin – liegt am Westufer des Tollensesees und ist slawischen Ursprungs. Mit seinen reetgedeckten Fachwerkhäusern, blühenden Gärten und einem **Gutshof** mit Landschaftspark macht Alt Rehse einen friedlichen Eindruck. Ein Blick in die jüngere Vergangenheit führt allerdings in ein dunkles Kapitel der deutschen Geschichte. 1934 wurden Gut und

Park enteignet und dem Hartmann-
bund übergeben, der hier die »Füh-
rerschule der Deutschen Reichsärz-
teschaft« baute. Das Dorf wurde
abgerissen und als nationalsozialis-
tische Mustersiedlung wiederaufge-
baut. Fortan wurden hier Mediziner
in der menschenverachtenden Ras-
senideologie der Nationalsozialisten unterrichtet. Nach dem Zweiten
Weltkrieg nutzten unter anderem
die NVA und die Bundeswehr das
Gelände. Seit 2001 kümmert sich
ein Verein um die **Erinnerungs-, Bil-
dungs- und Begegnungsstätte Alt
Rehse** im Gutshaus, die auch über
die aktuelle rechte Szene in Ost-
deutschland informiert. Außerdem
hat man eine Ausstellung eingerichtet: »Alt Rehse und der gebrochene
Eid des Hippokrates« dokumentiert
die ideologische Beeinflussung von
Ärzten, Hebammen und Apothe-
kern in der NS-Zeit (www.ebb-alt-
rehse.de, April–Sept. Mi–So 11–17,
Okt.–März 10–16 Uhr).

*Marihn 5

Nicht einmal 300 Einwohner zählt
das Dorf Marihn. Am nördlichen
Ende der Dorfstraße liegt das Herrenhaus, das allgemein als **Schloss**
bezeichnet wird. Eingebettet ist es
in einen weitläufigen Park und den
Garten von Marihn. Mehr als 8000
Rosen und über 100 verschiedene
Sorten machen Marihn zum euro-
paweit größten Garten, in dem Da-
vid-Austen-Rosen blühen. Außerdem gibt es Obstbäume, Weinreben,
Buchs- und Ligusterhecken sowie
Kräuter- und Gemüsegarten (www.
dergartenvonmarihn.org, 21. Juni
bis 1. Sept. Do–So 10–18 Uhr).

**Erst-
klassig**

Hotel

Schloss Marihn ●●●
Die sechs Zimmer und Suiten sind stilvoll mit Antiquitäten eingerichtet.
▪ Flotower Str. 1 | 17219 Marihn
▪ Tel. 039 62/22 19 30
▪ www.schloss-marihn.de

Buchsbaumhecken sorgen für klare Strukturen im Garten von Marihn

Ankershagen 6

In dem kleinen Ort verlebte Troja-Entdecker Heinrich Schliemann (1822–1890) bis 1831 acht Jahre seiner Kindheit. Im Haus seiner Eltern – dem Pfarrhaus aus dem 18. Jh. gegenüber der Dorfkirche – widmet sich das **Heinrich-Schliemann-Museum** Leben und Wirken des Archäologen. Schon als Achtjähriger will er hier den Entschluss gefasst haben, später einmal Troja auszugraben. Das Museum ist unschwer an dem großen Holzpferd im Garten zu erkennen. Die Dauerausstellung setzt sich durchaus kritisch mit Schliemann auseinander, würdigt seine Verdienste, weist aber auch auf Fehler und Irrtümer hin. Ins Auge fallen die Fundstücke aus dem Schatz des Priamos – allerdings handelt es sich bei allen Exponaten um Nachbildungen. Auch die goldene Totenmaske des Agamemnon aus dem griechischen Mykene ist nur eine Nachbildung (Lindenallee 1, Tel. 03 99 21/32 52, www.schliemann-museum.de, April–Okt. Di–So 10 bis 17, sonst Di–Fr 10–16, Sa 13 bis 16 Uhr).

Hohenzieritz 7

Etwa auf halbem Weg zwischen Neubrandenburg und Neustrelitz liegt abseits der Hauptverkehrswege das Dorf Hohenzieritz. Attraktion des Ortes ist das ****Schloss Hohenzieritz**, das Herzog Adolph Friedrich IV. 1770 seinem jüngeren Bruder Carl zur Hochzeit schenkte. Carl veranlasste die Umbautem im Stil des Frühklassizismus. Das Schloss, das mit dem Bau zweier Pavillons um einen Ehrenhof erweitert wurde, wurde aufgestockt und erhielt eine prächtige Treppe zum Garten. Der für die damalige Zeit typische Landsitz blieb seitdem im Wesentlichen unverändert. Bekannt wurde das Schloss weit über die Grenzen von Mecklenburg hinaus durch Preußens Königin Luise, die Tochter von Herzog Carl von Mecklenburg-Strelitz. Während eines Besuchs bei ihrem Vater auf Schloss Hohenzieritz, verstarb sie 1810 mit nur 34 Jahren plötzlich und unerwartet an einer Lungenentzündung. Ihr Vater richtete drei Jahre später in ihrem Sterbezimmer eine **Luisen-Gedenkstätte** mit kapellenartigem Charakter ein. Doch am Ende des Zweiten Weltkriegs verschwand mit der Inneneinrichtung des Schlosses auch die der Gedenkstätte. Erst im Jahr 2000 konnte der Schlossverein eine neue – erheblich spärlicher ausgestattete – Gedenkstätte und eine kleine Ausstellung zum Leben der Königin eröffnen. Die übrigen Räume des Schlosses sind nicht zu besichtigen, denn hier residiert nun die Müritz-Nationalparkverwaltung (März–Okt. Di–Fr 10–16, Sa/So 11–16.30 Uhr, www.louisen-gedenkstaette.de).

Vom Schloss, das auf einer Anhöhe steht, zieht sich ein herzoglicher Lustgarten in die Landschaft. Carl lernte durch seine Schwester Charlotte, die englische Königin, die Mode der Landschaftsgärten kennen und ließ 1776–90 durch Archibald Thompson den ersten Park

Erst-klassig

dieser Art in Norddeutschland anlegen. Verschlungene Wege führen dort zum **Luisentempel**, einem klassizistischen Rundtempel von 1815, und zur Figurengruppe »Die Hoffnung tröstet die Trauer« (1798) des Schweriner Hofbildhauers Rudolf Kaplunger. Die Sichtachse zwischen Schloss und **Schlosskirche** hingegen erinnert an die geraden Linien des alten barocken Gartenkonzepts.

*Burg Stargard 8

Den behaglichen Charme des Landstädtchens (5000 Einw.) machen Fachwerk, enge Gassen und viel Grün aus. Der 1170 erstmals erwähnte Ort führt seinen Namen nach der im 13. Jh. errichteten und damit ältesten erhaltenen Burganlage Norddeutschlands.

Erst-klassig

Über dem Ort erhebt sich die **Burg Stargard**, mit Vor- und Hauptburg mit zwei Torhäusern und dem eingeschossigen Marstall.

Das **Untere Tor** ist ein spätromanischer Backsteinbau von 1250 mit dicken Mauern und nur noch teilweise erhalten. Im Obergeschoss befand sich die Kapelle. Die Durchfahrt konnte früher mit einem Tor sowie einer Zugbrücke gesichert werden, heute betritt man die Burg über einen gepflasterten Damm.

In den mittelalterlichen Marstall ist das **Stadtmuseum** eingezogen, das anhand zahlreicher Ausstellungsstücke die Lokalgeschichte erläutert. Auch Gemälde und Grafiken der Stargarder Malerschule (1890–1920) werden hier ausgestellt (März–Okt. 10–17 Uhr).

Die **Alte Münze** entstand ebenfalls um 1250, diente aber bis 1500 als Brauhaus. Seinen Namen erhielt das Gebäude 1745 als Herzog Adolf Friedrich II. von Mecklenburg-Strelitz hier einige Jahre Münzen prägen ließ. Es wurde später als Viehstall, Kornboden, Schule, Jugendherberge genutzt; heute ist es das Gasthof »Zur Alten Münze«.

Weithin sichtbar ist der um 1250 errichtete **Bergfried,** der 1647 abbrannte. Erst um 1822 konnte der Turm wieder aufgebaut werden und diente fortan als Aussichtsturm. Beim Blick vom 17 m hohen Bergfried der Höhenburg über viele Hügel und Kuppen fühlt man sich in eine Mittelgebirgslandschaft versetzt. Vom 13.–17. Jh. befand sich der Eingang zum Bergfried 10 m über dem Burghof, damals gelangte man über eine hölzerne Treppe vom Wehrgang in den Turm. Heute führt eine Außentreppe zum Eingang empor. Auf dem Weg zur Aussichtsplattform kann man noch einen Blick ins Verlies und auf einige – sehr gruselige – Folterinstrumente werfen. (Burg 1, Tel. 03 96 03/228 52, www.burg-stargard.de, Burganlage: Mai–Okt. tgl. 10–17, Nov.–April Di–Do 10–16, Sa, So 13–16 Uhr).

Am Marktplatz im Ort ragt die Stadtkirche **St. Johannes** von 1770 empor, 1894 entstand der neugotische Backsteinturm. Im Innern sind ein Kanzelaltar im Rokokostil und ein Taufstein aus rötlichem Granit aus dem 13. Jh. sehenswert. Einen Besuch lohnt auch das **Marie-Hager-Haus**, das sich die Mecklenburger Malerin Marie Hager (1872–1947)

Der alles überragende Bergfried der Backsteinburg Stargard

1921 als Wohnhaus bauen ließ. Die meisten ihrer spätimpressionistischen Gemälde sind in der Umgebung entstanden und jetzt hier ausgestellt. Im Obergeschoss werden wechselnde Ausstellungen regionaler Künstler präsentiert (Dewitzer Chaussee 17, Tel. 03 96 03/211 52, Fr–So 14–17 Uhr).

Info

Information Burg Stargard
▌ Am Markt 3 | 17094 Burg Stargard
▌ Tel. 03 9603/2253 55
▌ www.burg-stargard.de

Hotel

Hotel zur Burg ●–●●
Modernes Hotel mit 24 Zimmern direkt am Marktplatz, die Küche serviert Spezialitäten nach Burgherrenart.
▌ Markt 10–11 | 17094 Burg Stargard
▌ Tel. 03 96 03/ 26 50
▌ www.hotel-zur-burg.com

Woldegk 🄉

Das vorpommersche Ackerbürgerstädtchen (3800 Einw.) ist eine Gründung der brandenburgischen Herzöge von 1236. Hier wurden 1850–1890 acht Holländerwindmühlen gesetzt, von denen noch fünf erhalten sind. Drei stehen dicht beieinander auf dem Woldecker Mühlenberg, mit seinen 114 m eine der höchsten Erhebungen in Mecklenburg-Vorpommern. Eine über 100 Jahre alte Holländerwindmühle – sie ist die letzte im Land, bei der sich die mit Segeltuch bespannten Flügel noch drehen – beherbergt das **Mühlenmuseum**. Eine kleine Ausstellung zeichnet die Entwicklung der Windmühlen über 900 Jahre nach (April–Sept. tgl. 10–12, 13–16, März, Okt. Di–Fr 10–12, 13–16, Sa/So 13–16 Uhr). In der flügellosen Holländer-Turmwindmühle ist heute das Restaurant **»Zum Mühlen Café«** untergebracht. Die dritte Mühle auf dem Hügel ist die **Ehlertsche Mühle** von 1886, sie wird als Schauanlage betrieben. Am Stadtsee steht die größte der fünf Windmühlen, die **Fröhlcke Mühle**. Sie gehört den Erben des letzten Müllers. Die rote **Gotteskampmühle** dient der Töpferfamilie Saalfeld als Wohnhaus und Atelier. Wegen ihrer Farbe wird sie als »Moulin Rouge« von Woldegk bezeichnet.

Im **Zollhaus Göhren** (19. Jh.), das die einstige Grenze zwischen Mecklenburg und Brandenburg markiert, wurde eine Ausstellungs- und Gedächtnisstätte eingerichtet, die an »Mecklenburger im Widerstand gegen den Nationalsozialismus« erinnert (Karl-Liebknecht-Platz 1, Tel. 039 63/256 50, Juni–Sept. Di, Do 10–12, 13–16, Sa/So 13–16 Uhr).

Info

Stadt Woldegk
▪ Karl-Liebknecht-Platz 1
▪ 17348 Woldegk
▪ Tel. 039 63/256 50
▪ www.windmuehlenstadt-woldegk.de

Pasewalk 🔟

In der nördlichen Uckermark, einer waldarmen Region mit vielen Äckern, liegt die einstige Hansestadt Pasewalk (10 500 Einw.). Der Zweite Weltkrieg sorgte in dem vormals schmucken Marktflecken aus dem 12. Jh. für Baufreiheit und der spätere sozialistische Gestaltungswille für ein eher eintöniges Ortsbild. Abschnitte der einstmals 5,5 km langen **Stadtmauer** aus Feldsteinen, zwei Stadttore und zwei Türme – Pulverturm und Kiek in de Mark – sind steinerne Zeugen früherer Zeiten.

Das **Museum Pasewalk** im Prenzlauer Tor widmet sich vor allem vier Themen: der Frühgeschichte, der Stadtgeschichte, der Garnisonsgeschichte und dem Künstler Paul Holz (1883–1938). In der Nähe von Pasewalk geboren, stellte der Zeichner Holz gerne seine pommersche Heimat und ihre Bewohnern in den Mittelpunkt seiner Arbeiten. Realismus, aber auch expressive Verfremdung kennzeichnen seinen Stil. Hier im Museum sind einige seiner Stahlfederzeichnungen sowie Teile seines Nachlasses ausgestellt. Werke von Paul Holz kann man ansonsten auch in den Kupferstichkabinetten von Berlin und Dresden, im Staatlichen Museum in Schwerin und im Schlesischen Museum in Görlitz bewundern (Di–Fr 10–13 und 14 bis 16, So 14–18 Uhr).

Immerhin kann Pasewalk gleich mit drei historischen Kirchen aufwarten. Die älteste ist die **Nikolaikirche**, die im 13. Jh. als Backsteinbau entstand. Besonders schön sind die durch Spitzbögen und Rautenmuster gegliederten Querschiffgiebel.

Die **Marienkirche,** eine der schönsten Hallenkirchen in Norddeutschland, wurde im 14. Jh. errichtet. Dass sie den Zweiten Weltkrieg ohne Schaden überstand, grenzte an ein Wunder. Doch das Unglück kam 1984, als der Feldsteinsockel des Turmes absackte und die anschließende Sprengung

Die Windmühlenstadt Woldegk grüßt mit zwei von fünf Holländermühlen

die Wand des Langhauses und die Orgel von 1853 zerstörte. Der Wiederaufbau dauerte mehrere Jahre, wobei man sich bei der Gestaltung der Fassade am mittelalterlichen Vorgängerbau orientierte.

1885 wurde **St. Otto** im neugotischen Stil erbaut. Die jüngste Kirche von Pasewalk ist nach Otto von Bamberg, dem »Apostel der Pommern«, benannt.

Das Kulturforum **Historisches U** nutzt den Marstall des Pasewalker Königin-Kürassier-Regiments für Konzerte, Ausstellungen, Lesungen und Workshops (An der Kürassierkaserne 9, Tel. 039 73/22 94 00).

Im Eisenbahnerlebniszentrum **Lokschuppen Pasewalk** kann man Schienenfahrzeuge und eine Modellbahnanlage bestaunen. Und als Herberge auf Rädern für ungewöhnliche Nächte stehen von April bis Oktober die ausrangierten Salonwagen des DDR-Regierungszugs bereit, mit Einzel- und Doppelkabinen in Schlafwagons (Speicherstr. 14, Tel. 039 73/21 63 26, www.lokschuppen-pomerania.de, 15. April–15. Okt. tgl. 10–18, Führungen Mi–Sa 10, 14 Uhr).

Info

Stadtinformation

▌ Haußmannstr. 85 | 17309 Pasewalk

▌ Tel. 039 73/21 39 95

▌ www.pasewalk.de

Torgelow ⑪

Die Stadt liegt an der unteren Uecker zwischen den Städten Pasewalk und Ueckermünde. Erstmals urkundlich erwähnt wurde Torgelow 1281. Der Ort besitzt einen kleinen gepflegten Stadtkern. Bemerkenswert ist die **Christuskirche**, ein neugotischer Backsteinbau von 1884. Der Innenraum wird durch die farbigen Fenster im Altarraum geprägt, ansonsten beeindrucken ein Taufstock aus dem 17. Jh. vor allem aber eine Orgel des bedeutenden Stettiner Orgelbauers F. A. Mchmcl.

Das archäologische **Freilichtmuseum Ukranenland** – im Südwesten der Stadt – widmet sich der frühmittelalterlichen Geschichte des Ostseeraums. Im Museumsdorf an der Uecker wurden typisch slawische Block-, Bohlen- und Flechtwandhäuser aus dem 9./10. Jh. rekonstruiert, genauso wie die Hafenanlagen mit den Schiffsnachbauten »Svarog«, »Svantevit«, »Agnes«. Das Dorf verfügt sogar über einen kleinen offenen Tempel mit Götzenbild. Die Besucher können Bronzegießern, Schmieden und Töpfern bei der Arbeit zuschauen oder selbst Hand anlegen und ein Brot im Lehmofen backen. Für Kinder sind die historischen Markttage des Museums und die Ritterfeste im benachbarten Mittelalterzentrum **Castrum Turglowe**, einer Burgruine aus dem 13. Jh., ein spannendes Erlebnis (Jatznicker Str. 31, 17358 Torgelow, Tel. 039 76/20 23 97, www.ukranenland.de, Mai–Mitte Okt. tgl. 10–17 Uhr).

Info

Stadtinformation Torgelow
- Friedrichstraße 1 | 17358 Torgelow
- Tel. 039 76/25 57 30
- www.torgelow.de

Friedland 12

Die Kleinstadt (6400 Einw.) ist eine Gründung von 1244. Von der mittelalterlichen Stadtmauer sind noch Teile erhalten. Einst war sie mit Wiekhäusern versehen, von denen allerdings nur noch die massiv befestigte **Fischerburg** existiert. Von drei Stadttoren stehen noch zwei. Das frühgotische **Anklamer Tor** ist einmalig in Mecklenburg-Vorpommern. Im wuchtigen unteren Teil besteht es aus Feldsteinen, im oberen aus Backstein. Der **Neubrandenburger Torturm** (15. Jh.) ist ein dreigeschossiger Backsteinbau. In der dreischiffigen gotischen Hallenkirche **St. Marien** sollte man dem Klang der berühmten Sauer-Orgel lauschen.

Info

Stadtinformation Friedland
- Mühlenstr. 1 | 17098 Friedland
- Tel. 03 96 01/393 84
- www.friedland-mecklenburg.de

Hotel

Hotel Vredeland ●
Ruhiges Haus in der Stadtmitte mit 15 Zimmern, auf Radwanderer eingestellt, Verleih von Rädern, Gepäcktransport, Abstellraum.
- Mühlenstr. 87/88 | 17098 Friedland
- Tel. 03 96 01/27 10
- www.hotel-vredeland.de

Slawenschiff im Hafen an der Uecker

Infos von A–Z

Angeln

Mecklenburg-Vorpommern ist das Angelland Nummer 1 der Bundesrepublik mit einer Fülle von Angelrevieren aller Kategorien. Im Internet finden sich Informationen zu Anbietern, Revieren, Schonzeiten und Ähnlichem:

▌ www.mv-maritim.de
▌ www.angeln-in-mv.de

In Mecklenburg-Vorpommern werden zum Angeln zwei Dokumente benötigt – der Fischereischein und die Angelerlaubnis. Wer keinen Jahresfischereischein hat, kann sich einen Touristenfischereischein mit einer maximalen Gültigkeit von 28 Tagen ausstellen lassen, der sowohl für Küsten als auch Binnengewässer gilt. Am einfachsten ist er über die Touristenbüros und Kurverwaltungen im jeweiligen Ort erhältlich. Die Gebühr beträgt 20 €.

Die Angelerlaubnis kann außer in Kurverwaltungen auch in vielen Angelserviceläden erstanden werden, wobei ein gültiger Fischereischein vorgelegt werden muss. Für Binnengewässer wird die Angelerlaubnis auch durch die Eigentümer oder Pächter des Gewässers ausgestellt. Die Angelerlaubnis gibt es als Tages-, Wochen- oder Jahreskarte. Weitere Auskünfte erteilt:

▌ **Landesamt für Landwirtschaft, Lebensmittelsicherheit und Fischerei**
Thierfelderstr. 18 | 18059 Rostock
Tel. 03 81/403 50
www.lallf.de

Auto

ADAC-Pannendienst (rund um die Uhr): Tel. 018 02/22 22 22 (0,06 €/Anruf aus dem dt. Festnetz); in allen Mobilnetzen: Tel. 22 22 22 (max. 0,42 €/Min. aus dt. Mobilnetzen).

Behinderte

In Mecklenburg-Vorpommern gibt es eine gute Auswahl an behindertengerechten Unterkünften. Viele Touristenzentren besitzen entsprechende Badestellen und abgesenkte Bordsteine.

▌ **Ohne Barrieren e. V.**
Doberaner Str. 114 | 18057 Rostock
Tel. 03 81/252 48 48
www.ohne-barrieren-ev.de

Information

Detaillierte Informationen bekommt man bei den örtlichen Touristenbüros. Infos über das ganze Bundesland:

▌ **Tourismusverband Mecklenburg-Vorpommern**
Platz der Freundschaft 1
18059 Rostock
Tel. 03 81/403 05 50
www.auf-nach-mv.de

Hier erhält man die Broschüren der regionalen Fremdenverkehrsämter:

▌ **Tourismusverband Mecklenburg-Schwerin**
Alexandrinenplatz 7
19288 Ludwigslust
Tel. 038 74/66 69 22
www.mecklenburg-schwerin.de
▌ **Tourismusverband Mecklenburgische Seenplatte**
Turmplatz 2 | 17207 Röbel
Tel. 03 99 31/53 80
www.mecklenburgische-seenplatte.de
▌ **Tourismusverband Mecklenburgische Schweiz**
c/o Tourismusverband Mecklenburgische Seenplatte
Turmplatz 2 | 17207 Röbel
Tel. 03 99 31/53 80
www.mecklenburgische-schweiz.com

Nationalparks und Naturparks

- **Biosphärenreservat Flussland-schaft Elbe Mecklenburg-Vorpommern**
  Am Elbberg 8–9 | 19258 Boizenburg
  Tel. 03 88 47/62 48 40
  www.elbetal-mv.de
- **Biosphärenreservat Schaalsee**
  Wittenburger Chaussee 13
  19246 Zarrentin
  Tel. 03 88 51/30 20
  www.schaalsee.de
- **Müritz-Nationalpark**
  Schlossplatz 3 | 17237 Hohenzieritz
  Tel. 03 98 24/25 20
  www.nationalpark-mueritz.de
- **Naturpark Feldberger Seenland-schaft**
  Strelitzer Str. 42 | Feldberg
  17258 Feldberger Seenlandschaft
  Tel. 03 98 31/527 80
  www.naturpark-feldberger-seenlandschaft.de
- **Naturpark Mecklenburgische Schweiz**
  Wargentiner Str. 5 | 17139 Basedow
  Tel. 03 99 57/291 20
  www.naturpark-mecklenburgische-schweiz.de
- **Naturpark Sternberger Seenland**
  Am Markt 1 | 19417 Warin
  Tel. 03 84 82/220 59
  www.np-sternberger-seenland.de

Spartipps

Die ein Jahr gültige **1000SeenCard** (5 €) bietet vielfältige Ermäßigungen, z. B. in Hotels, Restaurants, Freizeitparks und Museen, bei Fahrrad- und Bootsvermietern. Die Karte gibt es unter: Tel. 039 91/63 46 91 oder info@mueritz.de (www.1000seencard.de).

Das **Müritz-Nationalpark-Ticket** gilt einen Tag, drei oder sieben Tage (18 bis 58 €) auf den Linien der Nationalparkbusse und -fähren. Sie verkehren von Ostern bis Oktober zwischen Waren (Müritz) und dem Bolter Kanal täglich im Stundentakt (außer Nachsaison). In das Ticket ist die Mitnahme von Fahrrädern eingeschlossen. Die Busse fahren teilweise auf Strecken, die für Autos gesperrt sind, und bringen Sie auch zu den Treffpunkten der Führungen, die das Nationalparkamt anbietet. Fahrpläne und Führungen sind aufeinander abgestimmt. Besonders reizvoll ist die Kombination mit einer Schiffstour auf der Müritz. Die Schiffe verkehren regelmäßig zwischen Waren/Müritz, Klink, Röbel/Müritz und Bolter Kanal und nehmen ebenfalls Fahrräder mit. Weitere Infos: www.nationalparkticket.de

Wassersport

Auf vielen Gewässern und Wasserstraßen in Mecklenburg-Vorpommern ermöglicht ein **Charterschein** das Führen von gemieteten Sport- und Hausbooten ohne Fahrpraxis und Bootsführerschein. Damit kann man Boote bis zu 15 m Länge und einer Höchstgeschwindigkeit von 12 km/h fahren. In Theorie und Praxis wird man vor Ort eingewiesen, der Zeitaufwand beträgt ca. 3 Std. Weitere Infos:

- **Tourismusverband Mecklenburg-Vorpommern**
  www.das-blaue-paradies.de

Urlaubskasse	
Tasse Kaffee	1,80 €
Softdrink	1,60 €
Glas Bier	2 €
Fischbrötchen	2,50 €
Kugel Eis	1 €
Taxifahrt (pro km)	1,50 €
Mietwagen (pro Tag)	45 €
2er-Kanadier (pro Tag)	30 €

Register

Bildnachweis

Coverfoto: Röbel © Alamy/David Davies
Fotos Umschlagrückseite: © Schapowalow/Huber (links); Jahreszeitenverlag/Uwe Bender (Mitte), shutterstock/Ralf Gosch (rechts)

Alamy/imagebroker: 137; Alamy/Juliane Thiere: 119; Fotolia/ArTo: 90; Fotolia/Bergringfoto: 88; Fotolia/Ezio Gutzemberg: 1; Fotolia/Frederico di Campo: 135; Fotolia/Martin Schlecht: U2-3; Fotolia/nmann77: 73; Fotolia/Panoramo: 27; Fotolia/Sven Rausch: 18; Fotolia/Uwe Kantz: U2-2; Getty Images/Photographer's Choice/Frank Krahmer: 9; Huber Images/Erich Spiegelhalter: 43, 104; Huber Images/Krammisch: 70; Huber Images/R. Schmid: 5, 12, 53, 83, 106, 114; Jahreszeitenverlag/GourmetPictureGuide: 35, 82, 92; Jahreszeitenverlag/Gregor Lengler: 22; Jahreszeitenverlag/Mascha Lohe: 132; laif/Dagmar Schwelle: 40; laif/Gerhard Westrich: 96; laif/Gregor Lengler: U2-1;laif/Johannes Arlt: 131; laif/Michael Amme: 94; LOOK-foto/Ulf Böttcher: 138, 68; LOOK-foto/age fotostock: 116; LOOK-foto/Brigitte Merz: 65; LOOK-foto/H. & D. Zielske: 110; LOOK-foto/Holger Leue: 19; LOOK-foto/Pollex/Roetting: 17; LOOK-foto/Thomas Grundner: 95; mauritius images/Alamy: 41, 79, 98, 101, 113, 129; mauritius images/Andreas Vitting: 67; mauritius images/Christian Bäck: 126; mauritius images/ib/Holger Weitzel: 57; mauritius images/ib/Justus de Cuveland: 59, 60; mauritius images/ib/Siegfried Kuttig: 103; mauritius images/ib/Stephan Rech:36; mauritius images/ib/Volker Lautenbach: 80; mauritius images/ib/Helmut Meyer zu Capellen: 75; mauritius images/imagebroker: 86; mauritius images/Novarc: 99; mauritius images/Rainer Mirau: 24; mauritius images/Thomas Ebelt: 44; mauritius images/Torsten Krüger: 10, 49, 111; mauritius images/United Archives: 47; Monika Lawrenz: 33, 127; Schapowalow/Huber: 6; Schapowalow/Kliem: 38; Schapowalow/Oettel: 120; shutterstock/Artono: 109; shutterstock/Bildagentur Zoonar GmbH: 62; shutterstock/guentermanaus: 123, 125; shutterstock/msgrafixx: 85, U2-4; shutterstock/Oliver Hoffmann: 50; shutterstock/RicoK: 76, 117; wikimedia commons/Web Gallery of Art: 31; wikimedia commons PD-old/Bernhard Rode: 29

Liebe Leserin, lieber Leser,
wir freuen uns, dass Sie sich für diesen POLYGLOTT on tour entschieden haben.
Unsere Autorinnen und Autoren sind für Sie unterwegs und recherchieren sehr gründlich, damit Sie mit aktuellen und zuverlässigen Informationen auf Reisen gehen können. Dennoch lassen sich Fehler nie ganz ausschließen. Wir bitten Sie um Verständnis, dass der Verlag dafür keine Haftung übernehmen kann.

Ihre Meinung ist uns wichtig. Bitte schreiben Sie uns:
TRAVEL HOUSE MEDIA GmbH, Redaktion POLYGLOTT, Grillparzerstraße 12, 81675 München, redaktion@polyglott.de
www.polyglott.de

© 2014 TRAVEL HOUSE MEDIA GmbH München

Dieses Buch wurde auf chlorfrei gebleichtem Papier gedruckt.
ISBN 978-3-8464-0644-1

Bei Interesse an maßgeschneiderten POLYGLOTT Produkten:
Tel. 089/450 00 99 12
veronica.reisenegger@travel-house-media.de

Bei Interesse an Anzeigen:
KV Kommunalverlag GmbH & Co KG
Tel. 089/928 09 60
info@kommunal-verlag.de

Verlagsleitung: Michaela Lienemann
Redaktionsleitung: Grit Müller
Autoren: Christian Nowak (Vorlage: Rolf Goetz, Thomas Gebhardt, Polyglott on tour Mecklenburg-Vorpommern)
Redaktion: Renate Nöldeke
Bildredaktion: Stefan Scholtz
Layoutkonzept/Titeldesign: Gramisci Editorialdesign, München, und Ute Weber, Geretsried
Karten und Pläne: Gecko-Publishing GmbH, Bad Endorf
Satz: Tim Schulz, Mainz
Druck und Bindung: Firmengruppe APPL, aprinta druck, Wemding

PEFC/04-32-0928

Ein Unternehmen der
GANSKE VERLAGSGRUPPE